U0079249

趙寧 編著

我教孩子學

Lao-tse

【貳】

老子

國家圖書館出版品預行編目資料

我教孩子學老子(2)／趙　寧編著.
--初版. --臺北縣汐止市　：　雅典文化, 民97.09
面；公分. --（博學系列：04）
ISBN：978-986-7041-63-0 (第2冊：平裝)
1. 老子　　2. 研究考訂
121.317　　　　　　　　　　　　　97012014

博學系列：04

我教孩子學老子(2)

編　　著◎趙　寧
出 版 者◎雅典文化事業有限公司
登 記 證◎局版北市業字第五七〇號
發 行 人◎黃玉雲
執行編輯◎廖美秀
編 輯 部◎221台北縣汐止市大同路三段194-1號9樓
電　　話◎02-86473663
傳　　真◎02-86473660
郵　　撥◎18965580 雅典文化事業有限公司
法律顧問◎永信法律事務所　林永頌律師
總 經 銷◎永續圖書有限公司
　　　　　221台北縣汐止市大同路三段194號9樓之1
　　　　　EmailAdd: yungjiuh@ms45.hinet.net
　　　　　網站◎ www.foreverbooks.com.tw
　　　　　郵撥◎ 18669219
　　　　　電話◎ 02-86473663　傳真◎ 02-86473660
　　　　　ISBN：978-986-7041-63-0
初　　版◎2008年09月
定　　價◎ NT$ 200 元

第一章

《老子》的努力法則

第二章

《老子》的謀略智慧

第三章

《老子》的快樂主張

第四章

《老子》的領導方略

《老子》的努力法則

二十一世紀對人類的素質和能力提出了更高、更新、更全面的要求，也加劇了每個年輕人希望透過學習把握時代潮流的緊迫感。青少年時期是人生奮鬥的開始，需要作好一系列的準備工作。孩子能力和綜合素質的提高，有沒有切實可行的方法和途徑？如何才能透過學習和有效的努力，站在時代的潮流的前頭呢？這些問題都可以從《老子》中去覓得答案。

　　老子指出，禍可以轉化為福，福也可以轉化為禍。但都是在一定的條件下才是如此。主觀的努力或不努力，以及努力的方法對不對等，都是條件。

　　必須讓孩子注意的是，老子所主張的「清靜無為」，絕不是消極避世、不思進取的思想。在《老子》中，「無為」的終極目的是「無不為」。老子主張「後身則身先，無私則私成，無身則可以寄天下。」老子教給我們的一條重要智慧，就是如何在一個「亂世」中全身保命，進而又教我們如何運用智慧而不是用武力去爭先，再進而又教我們如何去做才能成就偉業。

強行者有志

　　李白說：「天生我材必有用。」每個人都有自己的特點、特長，都應當在社會上找到適合自己專長的位置去努力工作，在對社會作出貢獻的同時發現自己存在之價值，往大處來講，就是實現自己的人生價值。在這個過程中人必須學會強迫行事，不要受到外界的障礙和消極評論及意見的影響。這當然需要一定的自信心來支撐；而反過來，自信也有助於你在生活中的表現。

　　麥克阿瑟在西點軍校入學考試的前一晚緊張之至。他母親對他說：「如果你不緊張，就會考取。你一定要相信自己，否則沒人會相信你。只要你有信心，就會成功。即使你

沒通過考試，但你知道自己已全力以赴了。」放榜後，麥克阿瑟名列第一。

當你相信自己能做出最好的成績時，你不僅會發現自信心有所提高，而且還會發現自信心有助於你的表現。

斯坦斯佛說：「在你停止嘗試的當時，那就是你完全失敗的時候。」欠缺自信的人，將終日和恐懼結伴為鄰。而越是被恐懼的烏雲所籠罩，自我肯定的機會也就越是渺茫。

此時，如果我們將「恐懼」置之不顧，而任其發生的話，恐懼的陰影就會越長越大；你越是想逃避，它越是如影隨形。

有一句至理名言：「現實中的恐懼，遠比不上想像中的恐懼那麼可怕。」大多數人在碰到棘手的事物時，大都只會考慮到事物本身的困難程度，如此一來也就產生了恐懼感。但是一旦實際著手去做時，就會發現事情其實要比想像中來得容易，且順利得多。

布朗說：「處於現今這個時代，如果說『做不到』，你將經常站在失敗的一邊。」學著對自己仁慈些，列出一張你的勝利和成功的清單。當你想到自己已完成的事情時，你將對你能做的事情更有信心。只有失敗者才會將注意力集中在挫敗和缺失上。

當大多數人所表現的自信大過我們所意識到的時，我們心裡很早便知道要相信自己。在你跨出第一步時，你就相信你會走；在你說出第一句話之前，你就相信你會說；因為你已先相信你自己，所以你會去完成它。

成功需要付出相對的努力

老子原文：

「大方無隅，大器晚成。」

譯　解：

最大的「方」沒有對角；最大的「器」慢慢形成。

　　「大器晚成」這個詞，一般被用來安慰那些少年不得志的人。但這並不是老子本來的意思，老子所說的「晚」並不是指年齡。

　　姜子牙80歲當宰相，是大器晚成；甘羅12歲當外交官，也未嘗不是大器晚成。老子所說的「晚」是指時間。更準確地說，是刻苦努力的時間。

　　他想讓我們知道人最容易忽略的，是因為想早早出名，想脫穎而出，想快速的成功，輕而易舉的成功。人的致命傷就在這兒。所以他叮嚀我們、提醒我們，千萬不要盲動、千萬不要著急、千萬不要早早地拔苗助長，讓自己自然而然的

「大器晚成」。這是一個值得讓人深思的道理，難道不是嗎？有的人為了早早出名，早早成才，揠苗助長，結果弄得全盤皆墨。為什麼歷史上這麼多神童，驗證了「小時了了，大未必佳」這句話，就是因為錯在這個致命傷上，想「大器早成」。但是我們不否定，「大器早成」確實應該，在今天這個時代當中，年輕人應該要有一個「大器早成」的理想，但是仍然用一個「大器晚成」來矯正自己，那才是最聰明的。也就是說要有一個「大器早成」這樣一種志向，又要有「大器晚成」這種準備，不斷地矯正自己的心理，那就是有希望出人頭地的人。

無論年齡大小，只要為成功付出了最大努力，就有可能成功；反過來說，一定要將成功的希望寄託在長期努力上，不可急於求成。

傳說中，有兩個人偶然與神仙邂逅，神仙教授他們釀酒之法，叫他們選端陽那天成熟、飽滿起來的大米，與冰雪初融時高山飛瀑、流泉的水珠調和了，注入千年紫砂土燒製成的陶甕，再用初夏第一張沐浴朝陽的新荷裹緊，密閉七七四十九天，直到凌晨雞叫三遍後方可啟封。

就像每一個傳說裡的英雄一樣，他們牢記了神仙的秘方，歷盡千辛萬苦，跋涉千山萬水，風餐露宿，胼手胝足地找齊

了所有必需的材料，把夢想和期待一起調和密封，然後潛心等候著那激動人心、成功到來的一刻。

時間一天天地過去了，多麼漫長的守護啊。當第四十九天即將到來時，要開甕的美酒使兩人興奮得整夜都不能入睡，他們徹夜都豎起耳朵準備聆聽雞鳴的聲音。終於，遠遠地，傳來了第一聲雞啼，悠長而高亢。又過了很久很久，依稀響起了第二聲，緩慢而低沉。等啊！等啊！第三遍雞啼怎麼來得那麼慢，它什麼時候才會響起啊？

其中一個再也按捺不住了，他放棄了忍耐，迫不及待地打開了陶甕，其結果，卻讓他驚嚇住了——裡面是一汪水，混濁，發黃，像醋一樣酸，又彷彿破膽一般苦，還有一股難聞的怪味……怎麼會這樣呢？他懊悔不已，但一切以無法挽回了，即使加上他所有的踩腳、自責和歎息。最後，他只有失望地將這汪水倒灑在地上。

而另外一個人，雖然心中的慾望像一把野火般熊熊的在燃燒，燒烤得他好幾次都想伸手掀開甕蓋，但剛要伸手，他卻咬緊牙關忍住了。直到第三聲雞啼響徹雲霄，東方一輪紅日冉冉升起他才激動地掀開甕蓋——啊，多麼清澈甘甜、沁人心脾的瓊漿玉液啊！

成功者和失敗者之間最大的差別，往往不是智商的高低

和能力的大小，而只在於他們的韌性和耐心，在於他們懂得「行百里路半九十」。

真正的高手，都是那些具有足夠的耐心，願意一步一步達成人生目標的人。

達芬奇學畫，雞蛋這種簡單物體他整整畫了三年。他用最慢的方法，成爲畫壇泰斗。

老子用「大器晚成」，道出了人世的真理：最有價值的事物、最偉大的事績，都是在緩慢中完成的。就是克服對慢的恐懼，一點一滴地把夢想握在手中。

有許多人終生無所成就，他們不是能力不足，不是努力不夠，而是難以克服對慢的恐懼，急於求成。他們從來不曾真正做好一件事，總是提供「半成品」而不是完整的「產品」。

假如你能參透「大器晚成」的道理，不求速度，不求數量，始終堅持把眼前之事完完整整的做好，你一定能比別人更快地獲得人生的成功。

弱能勝強，柔能勝剛

老子原文：

「天下莫柔弱於水，而攻堅強者莫之能勝，以其無以易之。弱之勝強，柔之勝剛。」

譯　解：

天下的東西，沒有比水更柔弱的了。但攻堅克強的能力，沒有什麼東西能勝過水，因為沒有東西可以代替它，所以弱能勝強，柔能勝剛。

從老子的這段話中，我們不僅能直接地感受到了「柔弱勝剛強」的哲理，也能從中看到：老子所謂的柔弱，決不是軟弱無力，在老子所說的柔弱中含有似水一樣無堅不克的內涵，正如下面的這個故事中所描述的一樣。

有一個人在社會上總是落魄、不得志，有人便向他推薦智者。

他找到智者。智者沉思良久，默然舀起一瓢水，問：「這

水是什麼形狀？」這人搖頭：「水哪有什麼形狀？」智者不答，只是把水倒入杯子，這人恍然：「我知道了，水的形狀像杯子。」智者無語，又把杯子中的水倒入旁邊的花瓶，這人悟然：「我又知道了，水的形狀像花瓶。」智者搖頭，輕輕提起花瓶，把水輕輕倒入一個盛滿沙土的花盆。清澈的水便一下子就融入沙土，不見了。

這人陷入了沉默與思索。

智者彎下腰去抓起一把沙土，感歎道：「你看，水就這麼消逝了，這也是一生！」

這個人對智者的話咀嚼了良久，高興地說：「我知道了，您是透過水告訴我，社會處處像一個個規則的容器，人應該像水一樣，盛進什麼容器就是什麼形狀。而且，人還極可能在一個規則的容器中消逝，就像這水一樣，消逝得極為迅速、突然，而且一切均無法改變！」這人說完，眼睛緊盯著智者的眼睛，他現在急於得到智者的肯定。

「是這樣。」智者拈鬚，轉而又說，「又不是這樣！」

說畢，智者便走出門，這人跟隨在後。在屋簷下，智者伏下身，將手放在在青石板的台階上摸了一會兒，然後頓住。這人把手指伸向剛才智者手指所觸之地，他感到有一個凹陷處。他感到十分的迷惑，因為他不知道這本來平整石階上的

「小窩」究竟藏著什麼玄機。

智者說：「一到雨天，雨水就會從屋簷落下，你看到的這個凹陷處就是雨水落下的結果。」

於是，此人大悟：「我明白了，人可能被裝入規則的容器，但又像這小小的水滴，改變著這堅硬的青石板，直到破壞容器。」

智者說：「對，這個窩總有一天會變成一個洞！」

水是至柔的東西，但日久天長竟也能穿透石板。在生活中，我們要像水一樣，能屈能伸：既要盡力適應環境，也要努力改變環境，實現自我。我們應該多培養一點韌性，能夠在必要的時候彎一彎，轉一轉。太堅硬的東西，容易折斷。唯有哪些不只是堅硬，而有更多柔韌彈性的人，才可以克服更多的困難，戰勝更多的挫敗。

慎終如始，善始善終

老子原文：

「民之從事，常於幾成而敗之。慎終如始，則無敗事。」

譯　解：

一般人做事，常常到快要成功的時候，反而失敗了。這是因為在事情快要成功的時候，常常疏忽大意的緣故。如果在事情快要完成的時候，也像開始時一樣謹慎重視，就不會失敗了。

「慎終如始」，這是做好任何事情所必須遵循的原則。日本經營之神松下幸之助在生前對此深有體會。他說：「雖然，拚命工作，已經有了99％的成果，但最後的1％沒有做好，就等於根本沒有做而前功盡棄。甚至於如果做了一半反而會造成極大的損失呢！……如果工作不能徹底完成，我們都應該引以為恥才對。」

　　《尚書·旅獒》中說：「為山九仞，功虧一簣」。堆壘九仞高的土山，只差一筐土而不能完成。辦一件事，只差投入最後一點人力、物力而不能成功，豈不惋惜？為避免這種結局，就要「慎終如始」。

　　古人說：「欲做精金美玉的人品，定從烈火中鍛來；思立掀天揭地的事功，須向薄冰上履過。」「士人有百折不回之真心，才有萬變不窮之妙用。」事業成功的過程，實質上就是不斷戰勝失敗的過程。尤其是成就事業者，更是如此。

　　被楚莊王拜為令尹的孫叔敖，具有政治、經濟、軍事等多方面的卓越才能，然而他的仕途並非一帆風順，他曾經幾起幾落，但他「三為令尹而不喜，三去令尹而不憂」。的確有身為宰相之風範。在人們的心目中，諸葛亮簡直可謂神仙一樣的人物。但是細讀過《三國演義》的人，都不難發現：諸葛亮原來是個常敗統帥。他不僅有「棄新野，走樊城，敗當陽，奔夏口」的敗跡，而且大敗仗打得也不少，尤其是他晚年全力以赴領軍六出祁山，也都以失敗而告終。

　　諸葛亮尚且如此，更何況是普通人？所以說，任何一項事業要取得成功，都難免要遇到困難和挫折。欲成就大事業者，能否承受得住錯誤和失敗的嚴峻考驗，這是一個非常關鍵的問題。缺乏決心和信心常成為成功的最大障礙。

拿破崙說過：「勝利，屬於最堅韌的人。」新大陸的發現者哥倫布也說過：「堅韌之心，是成功的根基。」我國古代「愚公移山」和「鐵杵磨針」的寓言故事，也都說明了堅定的性格對於取得事業最終勝利有著重要的意義。一個人如果沒有向目標前進的堅定意志，他的工作就不可能是完全有成效的。許多人在事業中遇難而退，半途而廢，以至功虧一簣，其敗筆就在於缺乏堅定性。有時看來，成績只決定於個人的能力和有利的環境條件，而事實卻不完全是這樣的。當然，誰也不能否認能力的作用。可是一個人如果沒有堅定的意志，如果他不善於堅韌地工作，而是搖擺不定，猶猶豫豫，五分鐘的熱度，一遇到困難就打退堂鼓，即使他有超乎常人的能力，也無法保證他就能達到既定的目標。

學會堅持和等待

老子原文：

「吾言甚易知，甚易行，天下莫能知，莫能行。」

譯　解：

我說的話很容易明白，也做得到，天下的人沒有不知道的，沒有做不到的。

老子這段話告訴我們，知難行易。要想取得一定的成就，就要學會堅持和等待。下面的這個故事就具體地詮釋了這一理念。

有個富翁，他想拿出一百萬元送給窮人，但條件是他們必須都是能夠堅持到底的人。

他的分配方法是，選一百個人，先給他們每人一萬元。

消息一傳出來，很快就門庭若市，他從成千上萬的人當中選出一百名，富翁先給他們每人五千元，並請他們第二年再來領取剩下的五千元。

第二年只有九十個人前來取錢，因為其餘的十個人均因興奮過度，心臟病發作住進了醫院，那五千元就成了他們的醫藥費。

他取消了那十個人剩下的那筆錢，表示要把那五萬元平分給這九十個人，明年來取。

第三年他宣佈，分給大家錢只是開個玩笑，他要收回已經送給他們的錢，一聽這話當場就有四十個人暈了過去，四十個人拿著已到手的五千元跑了。

最後只有十個人留了下來，富翁說，現在還有五十萬元，平均分給你們十個人，每人可得五萬元，明年來取。

第四年只有五個人前來，沒來的五個人當中，有兩個興奮過度病倒了，有兩個因無法忍受等待，憂憤而死，有一個認定富翁是個騙子。

富翁宣佈取消缺席者剩下的錢，把剩下的五十萬元送給最後五個人，每人十萬元，明年來取。

第五年只有一個人來，沒來的四個人當中，有兩個人因極度興奮心臟病急性發作，死在去醫院的路上，另外兩個到處宣傳富翁是個騙子，他們成了哲學家。

最後來的那個人獨得了一筆巨款，五十萬元加上四年的利息五萬元，總共五十五萬元，他一個人得到的比那九十九

個人加起來得到的還要多。

生命的獎賞常常遠在旅途的終點，而非起點附近。誰都不知道要走多少步才能達到目標，踏上第一千步的時候，仍然可能遭到失敗。但每一次的失敗，都會增加下一次成功的機會。

只要我們不怕困難，困難就會成為磨煉我們堅強性格的一塊磨刀石。中國有句老話：「艱難困苦，玉汝於成。」困難的環境，最能磨煉人的特質，增強人的才能，對人的性格有著特殊的鍛煉價值。對於困難我們不必害怕也不必迴避，而應以積極的態度迎難而上，在征服困難的過程中，把我們鍛煉得更加堅強。

強者和弱者的最大區別，就是表現在對待失敗的態度上。世界上的事情往往是這樣：事業未成，先嘗苦果。壯志未酬，先遭失敗。而且，失敗常常專跟強者作對。原因很簡單：低的目標容易達到，弱者胸無大志，目標平庸，幾乎不經過什麼失敗就能如願以償。而目標越高難度就越大，失敗的可能也自然就越多。有些人渴望成為強者，但卻承受不了失敗的打擊。他們經過一段時間的奮鬥，遭到一次乃至幾次失敗之後，便偃旗息鼓、舉手投降了，也因此最終只能和一事無成的弱者為伍。

有人認為：能承受住數十、數百次失敗的打擊而精神不垮的人，大概需要鋼筋鐵骨般的堅強意志，一般人是難以做到的。但實際上卻未必是如此，堅強的毅力並不單單只來自忍受，而是來自明智和豁達。忍受失敗的毅力，主要是來自於對失敗的客觀認識和正確評價。

強者能意識到沒有失敗就不會有成功，失敗裡面就包含著成功。他們把開拓新路中遭遇到的失敗看做是理所當然的事，有著足夠的精神準備。他們也認識到經歷一次失敗即是一次經驗的積累，因而能在失敗中看到成功的機會。被失敗所嚇倒的人，與其說是害怕失敗，不如說是對失敗缺乏正確的認識。

許多人把失敗看做是一種不幸和災難，在事情剛開始之時，就抱有「只許成功不許失敗」的想法，這不僅是不實在的，也是不明智的。「勝敗乃兵家常事」，不僅「兵家」，做什麼事都會存在或勝或敗兩種可能性。如果在行動前只做成功的打算，不做失敗的準備，這只會削弱對失敗的心理承受力，從而在失敗面前變得十分脆弱。

許多人往往不能認識到表面上的失敗從長遠來看很可能是有益的。在他們的眼裡只有二分法，不是失敗就是成功，既然失敗了，那就不會成功。而事實上，事情的結局並不能

作「不是成功就是失敗」這麼簡單的二分法，介於「失敗」
和「成功」之間的情況是無窮無盡的，在「我失敗了三次」
和「我是個失敗者」之間有天壤之別。

　　而且，心理上的失敗也不等於實際上的失敗。有的時候，
心理上感到失敗了，而實際上他正在前進的過程之中。人只
要心理上不屈服，他就沒有真正失敗。所謂的功虧一簣，虧
就虧在心理的失敗上。如果你在失敗時，仍能表現得像一個
勝利者，信心十足，充滿幹勁，那情況會大不一樣。別人會
認為，你的失敗是環境所致，你是一個失敗的強者，你會繼
續的努力下去，直到取得勝利。

　　由此可見，在複雜的社會生活中，失敗者和成功者這幾
個字很難恰當地用在一個複雜的、活生生的、總是在變的人
身上，它們只能描述某個特定時間、特定地點的情況。此時
的成功可能連著彼時的失敗，這項工作的失敗也許正蘊含著
另項工作的成功。

從細小的事做起

老子原文：

「圖難於其易，為大於其細；天下難事，必作於易；天下大事，必作於細。」

「合抱之木，生於毫末；九層之台，起於累土，千里之行，始於足下。」

譯 解：

處理問題要從容易的地方入手，實現遠大的理想，要從細微的地方入手。天下的難事，要從簡易的地方做起；天下的大事，要從微細的部分開端。

合抱的大樹，生長於細小的萌芽；九層的高台，築起於每一堆泥土；千里的遠行，是從腳下的第一步開始走出來的。

大凡成功的事，都是從細小的事做起；困難的事，其實是由很多容易的事組成的。而很多人都認為，小事幾乎是不

值得一提，做小事是沒本事，費工夫。其實「大」與「小」、「難」與「易」是相對而言的。國家的事與家庭的事相比，前者是大事和難事，後者是小事和易事，因為國事是全國各地的事情所組成的，而家事只是其中的一部分；但如拿國事與全世界的事相比，那前者當然是小事、易事，後者就為大事、難事。我們只有弄清大事與小事、容易與困難之間的關連性，我們才能認真地做好每一件小事，心情輕鬆地工作，這樣經過日積月累之後，就能不知不覺地做成了人們所說的大事和難事。

有一對以撿破爛為生的兄弟，他們天天都盼著能夠發大財。最終，上帝竟因為他倆每一個夢都與發財有關而大受感動。

上帝決定給他們一次發財的機會。

一天，兄弟倆照舊從家裡出發沿著街道一起向前走去。但這條偌大的街道彷彿被人來了一次大掃除，連平日裡最微小的一張廢紙都不見了蹤影，僅剩的就是地上的一寸長小鐵釘。

老大看到地上的鐵釘，便把它們一個一個地撿了起來。

老二卻對老大的行為不屑一顧，並且說：「三兩個小鐵釘能值幾個錢？」

走到了街尾，老大差不多撿到了滿滿一袋子的鐵釘。

看到老大的收穫，老二好像若有所悟。也打算學老大那樣撿一些鐵釘，不管多少，最起碼也能賣點錢。於是便回頭再去找，可等他回頭看的時候，來時路上的小鐵釘，卻一個都沒有了，全被老大撿光了。

老二心想：沒關係，反正幾個鐵釘也賣不了多少錢，老大的那一袋，可能連兩塊錢都賣不到，所以也就不覺得可惜。於是，兄弟兩人繼續再向前走，沒多久，兄弟倆幾乎同時發現街尾新開了一家收購店，門口掛了一塊牌子寫著：「本店急收一寸長的舊鐵釘，一元一枚。」

老二後悔得捶胸頓足，老大則將小鐵釘賣了，換回了一大筆錢。

店主走近待在街上發愣的老二，問道：「孩子，同一條路上，難道你就一個鐵釘也沒看到？」

老二很沮喪：「我看到了啊！可那小鐵釘並不起眼，我更沒想到它竟然這麼值錢；等我知道它很有價值時，卻連一根也找不到了。」

「千里之行，始於足下。」「不積小流，無以成江河；不積跬步，無以至千里。」不肯從小事做起的人，很難成就大的事業。

35

　　西方有一句諺語：「一鳥在手勝過兩鳥在林。」把握今天，勝過兩個明天。腳踏實地，一步一個腳印地走下去，才有成功的希望。

　　只有把小事做好了，才能做好大事。一方面，要在工作中從小事做起，從身邊的事做起，把自己的本職工作做好，使小事逐步積累成為大事。

　　讓自己進步的方法有很多，但見效最快的就是：每天多準備百分之一。

　　假如你看到體重達八千六百公斤的大鯨魚，躍出水面六米高，並向你表演各種雜技時，你一定會發出驚歎。確實有這麼一隻創造奇蹟的鯨魚，它的訓練師披露了訓練的奧秘。

　　在開始時，他們先把繩子放在水面下，使鯨魚不得不從繩子上方穿過，每穿過一次，鯨魚就會得到獎勵。漸漸的，訓練師會把繩子提高，只不過每次提起的高度都很小，這樣才不至於讓鯨魚因為過多的失敗而感到沮喪。就這樣，隨著時間的推移，這隻鯨魚竟在不知不覺中躍過了六米的高度。

　　就像這隻鯨魚一樣，每一個卓越員工的經歷雖然各有不同，但總有一點是相同的，那就是他每天的工作總比別人多一些準備，哪怕只多百分之一。有一句古老的諺語說：「事情就怕加起來。」正是這一個個百分之一的相加，才能造就

出非常可觀的成就。

我們在為即將進行的工作做準備時，不論考慮得多麼周全，準備得多麼充分，在工作的開展過程中卻不免會有意外的出現，這個意外也許相對於整體來說，比重並不大，但事情的成敗與否，往往就在此一舉。這就像「酒與污水法則」告訴我們的一樣，一滴酒滴入污水中，污水還是污水，而一滴污水滴入酒中，則酒就變成了污水。當我們所有的準備工作無法換來成果時，我們一定會懊惱那個看起來很小卻毀了全部的意外，而這個小小的意外其實只需要我們在做準備時多做百分之一，即可以避免。

事情往往就是這樣，問題總是在你的準備工作缺少的那百分之一時出現，而令你措手不及，以致為後來的失敗埋下了禍根。如果一個人能堅持每天多做一點準備的話，漸漸地，他就會發現在自己身上發生了驚人的變化：工作效率提高了，工作能力增強了，上司也越來越喜歡把重要的任務交給他。不知不覺中，他已經成為了身邊同事羨慕和嫉妒的對象——就像從前他羨慕那些非常卓越的同事一樣。

學會專注，用心去做

老子原文：

「載營魄抱一，能無離乎？專氣致柔，能嬰兒乎？滌除玄鑒，能無疵乎？」

譯　解：

精神和形體合一，能不分離嗎？聚結精氣以致柔和溫順，能像嬰兒的無慾狀態嗎？清除雜念而深入觀察心靈，能沒有瑕疵嗎？

老子的這段話強調的就是要專注。不僅是道家，佛家也非常重視和強調專注的理念。

一位信徒問無德禪師道：「同樣是一顆心，為什麼心量有大小的分別？」禪師並未直接作答，他告訴信徒道：「請你將眼睛閉起來，默造一座城垣。」

於是信徒閉目冥思，心中構想了一座城垣，並報告禪師：「城垣造畢。」禪師又說：「請你再閉眼默造一根毫毛。」

信徒又照樣在心中造了一根毫毛，再度報告禪師：「毫毛造畢。」

禪師問信徒：「當你造城垣時，是用你一個人的心去造？還是借用別人的心共同去造呢？」信徒回答：「只用我一個人的心去造。」

禪師再問：「當你造毫毛時，是用你全部的心去造？還是只用了一部分的心去造？」信徒說：「用全部的心去造。」

於是禪師就對信徒開示道：「你造一座大的城垣，只用一個心；造一根小的毫毛，還是用一個心，可見你的心是能大能小的啊！」

真正的有心人做事，不論大小，都會全力以赴、做到最好！獅子搏象，用全力；獅子搏兔，也用全力。不論做什麼，都要竭盡全力。

從某種程度上來說，專注於一件事，就必然要放棄其他的，也就是說要「有所為」，「有所不為」。

老子認為，「道無為」但是「無不為」，這是什麼意思呢？道它永遠是不亂動的，不妄為的。它好像在那裡不動，其實它發揮了天大的作用。

無為是什麼？並不是叫你一點都不為，「無為」是叫你不要違反自然的規律，不要亂來，要符合規律再去做，你就

能夠取得成功。

　　數學家陳省身的一生，就很好地詮釋了「道無爲而無不爲」的原則，他走過一個特別完美的人生。他是國際大數學家。就在逝世之前的一個月，國際小行星聯合會特地把發現的小行星用他的名字來命名，這是很大的榮譽。

　　他的成功就是成功在「有爲」和「無爲」。他是怎麼有爲的呢？他說：「我一生當中只做一件事情，這件事情就是數學。我那個時候學體育運動跑不過班上男同學，別說跑不過男同學，就連女同學也跑不過，所以學體育不行。於是我想學音樂，但我卻聽不懂哪個曲子美，哪個曲子不美，所以學音樂也不行。最後我選來選去只能學數學。」

　　陳省身從二十多歲開始研究數學，一直到九十三歲去世，他從中國到德國，從德國到美國，從美國再回到中國，他專心致志的研究了七十年的數學。他說：「我一生就只做一件事情，那就是數學，其他什麼名，什麼利，我統統不管。」「一個人一生中的時間是一個常數，應該集中精力做好一件事。人們浪費時間的事太多了。」

自己去努力才能學到知識

老子原文：

「道可道，非常道。」

譯　解：

道若可以用語言說出來，就不是一般意義上的道了。

　　傳說，老子活到了九十歲高齡，好像神話故事裡鶴髮童顏、精神矍鑠的仙翁一般。那一年，他騎著一頭青牛，從函谷關進入沙漠，從此不知所終。

　　在中國歷史上有許多高人，他們通常都會用歸隱山林的方式來完成他們對生命的體驗，只有這個老頭，居然玩起了西部探險。你能想像一個人在那種荒涼地域中的生存狀態嗎？在那裡，社會已經消失了，你再也不需要證明自我，你只是活著——很單純地活著，你會忽然明白生命的真實意義。

　　當他經過邊境的時候，函谷關的關令尹喜把他攔住了。尹喜好奇地向他詢問了許多問題，然後說：「人類生活在痛

苦中，唯獨你是一個例外，這太不可思議了。現在，你必須為人類做一件事情——寫一本書，把你的智慧留下來，否則我是不會放你過去的。」

老子笑著回答：「智慧是一種狀態，是很難用文字描述出來的，我恐怕做不到。」

尹喜沉吟著說：「你能夠描述多少算多少。無論你能夠留下多少內容，總比沒有的好。」

老子被迫開始了寫作，這就是《老子》書誕生的過程。

《老子》的第一句話是：「道可道，非常道。」這句話非常深奧，很難理解，因此也有好幾種解釋。其中一個被普遍接受的解釋是：「可以說得出的道，就不是永恆的道。」

「道」為什麼說不出呢？

第一個原因：「道」是一種體驗。

文字可以被傳達，但文字只是一種容器。如果你沒有親自去體驗，你拿到的就只是一個空洞的容器。當你看到它、或者聽到它，你會用你的體驗去理解它。

「道」是一種體驗。你只有透過親身體驗才能理解它，沒有人能夠代替你，就像沒有人能夠代替你吃飯和戀愛一樣。意義來自於體驗，當你有了體驗，它就變得有意義了——否則它就是空洞的。

第二個原因：「道」是在寧靜中被感悟的。

　　「道」是一種體驗。儘管你也和別人一樣吃飯、穿衣、睡覺，但別人能夠從吃飯、穿衣、睡覺的過程中體驗出活著的意義，而你只知道活著就要吃飯、穿衣、睡覺。你只是在經過一種形式，你並不理解什麼是生活，哪怕你擁有更豐富的食物、更漂亮的衣著、更豪華的住宅，你也只是在經過一種形式。如果沒有體驗，你就沒有真實的生活。

　　你只有透過生活的歷練才能找到那種體驗，才能找到那種被感悟的東西。同樣地，你只有透過文字的歷練才能理解老子，理解他所說的「道」。

　　關於這一句，禪宗則認為，道如果可以說出來，那就不是道了。

　　有一位學僧向慈受禪師請教「道」的真諦，以下是學僧跟禪師之間的對話：「禪師，禪者悟道時，能把所悟之道的境界、感受之類的東西表達出來嗎？」

　　「既然是悟出來的道，就好比虛空裡捉出來的風，是說不出來其中的奧妙的。」

　　「禪師能更具體地說明一下悟道又說不出來的情形，到底是什麼樣子嗎？」

　　「就像啞巴吃蜜一樣。」

「禪者沒有悟道的時候，善於言詞，講得頭頭是道，他說的話算不算禪語呢？」

「既然還沒悟道，怎麼能算禪語，不過是鸚鵡學舌罷了。」

「啞巴吃蜜跟鸚鵡學舌到底有什麼不同呢？」

「啞巴吃蜜是知，如人飲水，冷暖自知；鸚鵡學舌是不知，如小兒學話，不解其意。」

談話及此，聰明的學僧突然發問道：「照這麼說，那禪師現在是知還是不知呢？」

慈受哈哈大笑道：「我現在猶如啞巴吃黃連，有苦說不出；又好像鸚鵡學舌，講得非常像。你倒是說說，我究竟是知呢？還是不知呢？」

學僧言下拜服，連連道謝說：「多謝禪師指點迷津，弟子感激不盡！」

禪宗的「第一義」是道不得的，只能靠你自己去悟。我們要學會什麼東西，也只能依靠自己的努力，去下功夫，去思索，去感悟。

做事不能太急躁

老子原文：

「企者不立，跨者不行。自見者不明，自是者不彰，自伐者無功，自矜者不長。其在道也，曰余食贅行。物或惡之，故有道者不處。」

譯　解：

踮起腳跟想要站得高，反而站立不住；邁起大步想要前進得更快，反而不能遠行。自逞己見的反而得不到彰明；自以為是的反而得不到顯昭；自我誇耀的建立不起功勳；自高自大的不能做眾人之長。從道的角度來看，以上這些急躁炫耀的行為，只能說是剩飯贅瘤。因為它們是令人厭惡的東西，所以有道的人決不這樣做。

老子把「物」作了擬人化的處理，說「物」不會喜歡不懂「道」的行為。因為「物」總是按「道」的規律運行，所以根本沒有不按「道」的規律運行的「物」。硬要「物」不

45

按規律運行，怎麼能做得到呢？這就是老子所說的「物或惡之」的意思。凡是懂得「道」的人，當然不會去做違反「道」的事情。相信下面的這則寓言故事會對我們有所啟示。

農夫在田地裡種下了兩粒種子，很快它們變成了兩棵同樣大小的樹苗。第一棵樹一開始就下定決心要長成一棵參天大樹，所以它拚命地從地下吸收養料，儲備起來，滋潤每一枝樹幹，盤算著怎樣向上生長，完善自身。由於這個原因，在最初的幾年，它並沒有開花結果實，這讓農夫很生氣。相反的另一棵樹，也拚命地從地下吸取養料，打算早點開花結果，它做到了這一點。這使農夫很欣賞它，並經常澆灌它。

時光飛轉，那棵久不開花的大樹由於身強體壯，養分充足，終於結出了又大又甜的果實。而那棵過早開花的樹，卻由於還未成熟時，便承擔起了開花結果的任務，所以結出的果實苦澀難吃，並不討人喜歡，更慘的是它卻因此而累彎了腰。老農詫異地歎了口氣，終於用斧頭將它砍倒，當柴火燒了。

俗話說：「欲速則不達。」急於求成的結果只會導致過早的失敗，所以我們要甘於寂寞，注重自身能力的積累，厚積薄發，一旦時機來臨，自然會水到渠成。

持續不斷地去追求「道」

「故從事於道者同於道；德者同於德；失者同於失。
同於道者，道亦樂得之；同於德者，德亦樂得之；同於失
者，失亦樂得之。」

譯　解：

　　所以，從事於道的就同於道，從事於德的就同於德，
從事於失的人就同於失。同於道的人，道也樂於得到他；
同於德的人，德也樂於得到他；同於失的人，失也樂於得
到他。

　　人能看透事物的本質就是得到了「道」，並可以因此而
與「道」處於同一層次或範疇。那些看事物已接近於事物的
本質「道」的，就相當於是得到了「德」，並可以因此而與
「德」處於同一層次或範疇。那些既看不到「道」也看不到
「德」的，就叫做「失」，且不得不與「失」處於同一層次

或範疇。人若要達到「道」和「德」的層次，就得持續不斷地去追求「道」才能做到。凡是不去追求「道」的，也就是說，凡是不去追求事物本質的人，也就只能處在事物本質以外的範疇「失」之中了。下面的這個故事就具體地說明了只要去認真追求，就能發現和把握規律的道理。

在很久以前，一個村莊的幾頭豬逃跑了。它們逃進了附近的一座山上。經過幾代以後，這些豬變得越來越凶悍，甚至膽敢威脅經過那裡的人。幾位經驗豐富的獵人很想捕獲它們，但這些豬狡猾得很，從不上當。

一天，一個老人牽著一匹拖著兩輪車的毛驢，走進野豬出沒的村莊。車上裝的是木料和穀粒。老人告訴當地的居民，說他能捉到野豬。人們都嘲笑他，因為沒有人相信老人能做到那些獵人做不到的事。但是，兩個月以後，老人又回到村莊，告訴村民，野豬已經被他關在山頂的圍欄裡了。

他向居民解釋他是怎樣捕捉到那些豬的。

他說：「我做的第一件事，就是去找野豬經常出來吃東西的地方，然後就在空地中間放少許穀粒作為誘餌。那些豬起初嚇了一跳，最後，還是好奇地跑來，一頭老野豬嘗了一口，其他豬也跟著吃，這時我就知道能捕到它們了。第二天我又多加了一點穀粒，並在幾尺遠的地方豎起一塊木板。那

塊木板像幽靈一樣，暫時嚇退了它們，但是穀粒很有吸引力，所以不久之後，它們又回來吃了。當時野豬並不知道，它們已經是我的獵物了。

此後，我要做的就是每天在穀粒旁邊多豎立幾塊木板而已，直到我的陷阱完成爲止。每次我加幾塊木板時，它們就會遠離一陣子，但最後還是會克制不了慾望會再來吃。當圍欄做好了，陷阱的門也準備好了時，不勞而獲的習慣已使它們毫無顧忌地走進圍欄。就這樣，它們成了我的獵物。」

經驗豐富的獵人所做不到事情，被一個能夠耐心做準備的老人做到了。看來，有些事情並不像我們想像的那樣困難，關鍵是你是否願意去追求，善於發現規律，並採取積極有效的行動。

要天天有所收穫

老 子 原 文 ：

「為學日益。」

譯　解：

做學問的人，科學知識應日益增長。

老子告訴我們：做學問的人，要天天有所收穫，不斷追求進步，學得越多越好，多多益善。因為知識有共性，它是透過大腦思維來產生的，所以你思考出來的辦法越多，解決的問題也就越多，對社會的貢獻也就越大。

「書到用時方恨少。」知識的積累只有達到一定的程度，才能發揮它應有的功能。

在知識的積累中，最重要的是要有目標。有目標的積累是最有效的。這是因為：有了目標，才談得上有計劃。目標不清楚，便無從制訂計劃，也做不成任何一件事。

有了目標，才能明確的知道「積」什麼，「累」什麼。

缺乏內在聯繫的知識，或雖有聯繫但彼此相隔太遠的知識，積累得再多，也難以發揮作用。

有了目標，才能判斷知識的相對價值。知識都具有或大或小的價值。但是對於不同的立志成才者來說，它們的價值又具有相對性，並不相同。語言對於學習歷史、哲學、文學的人價值很大；可是對學現代物理的人價值就小多了。因此，應根據自己的需要，選擇最有用的知識。可見，只有明確目標，才能在最短的時間內掌握最多的知識。

積累知識，還要注意在一定階段內求知的限度。一個什麼都想學，什麼都想積累的人，最後什麼都學了一點，往往什麼都學不成。

一位教育學家指出：「你的周圍有一個浩瀚的書刊海洋，要非常嚴格慎重地選擇閱讀的書籍和雜誌。想要鑽研和求知慾旺盛的人總是想博覽一切，然而這是做不到的。要善於限制閱讀範圍，要從中排除那些可能會破壞學習目標的書刊。」

講求知的「限度」，為的是建設好一個人知識結構的框架，並不是說其餘一概不看，一概不讀。積累知識，並不是為了累積資料，而是為了組成一定的結構，發揮知識的功能，而這就必須要考慮到知識的整體效應。

為了取得「為學者日益」的效果，我們應該經常提醒自

己，督促自己進步，每天都要進行自我反省。我們不妨這樣，
每天都堅持「四問」：

一問自己的工作有沒有進步？

二問自己的身體有沒有進步？

三問自己的學習有沒有進步？

四問自己的道德有沒有進步？

在每天晚上睡覺之前，我們應該回憶一天的所作所為：

有哪一件應該做的事情沒有完成？

有哪一件事情應該可以做得更好？

有哪一本該讀的書沒有讀？

我今天發現了自己的什麼弱點？

……

每天都進行這樣的自問和檢討，你就會每天都有所收穫，
有所進步。

《禮記·大學》中有段話：「苟日新，日日新，又日新。」

這說明一個道理：量變積累到一定程度就會發生質變。
所以說，不要幻想自己能突然脫胎換骨，馬上就能成為一個
卓越的人。要知道，從平凡到優秀再到卓越並不是一件多麼
神奇的事，你需要做的就是，每天進步一點點。

《老子》的謀略智慧

人類已進入二十一世紀，世界科學技術的發展日新月異，知識經濟時代已經來臨。知識經濟的基本特徵，就是知識不斷的在創新，高新技術迅速產業化。為了讓孩子適應現代社會的發展需要，必須注重培養和提高思維和創新能力，學習一些謀略的常識。

在競爭激烈的社會裡，智慧和謀略是取得優勢地位的保障。謀略是創造思維的產物，謀略的靈魂是創造，是出人意料，欲擒故縱，欲取先與。在《老子》中充滿了這樣的謀略智慧。

老子提出了「陰柔」的理念。「陰柔」的精要之處就在於：示人以柔弱，勝人以陰謀。它告訴人們要潛下心來用計謀，不跟對手硬碰硬。計謀的特性和功用就是以四兩撥千斤，以巧取勝，以少勝多，以弱勝強。

在《老子》中，謀略的應用，常常表現在奇與正、先與後、虛與實、弱與強、進與退、寡與眾等對立與辨證之中，甚至不是你去策劃別人，就將有別人來策劃你。而真正的大策劃、大謀略智慧，則往往在小中求大，死裡求生、虛中藏實、綿裡露針、無中生有……

大膽採用違反常規的做法

老子原文：

「反者，道之動也。」

譯　解：

利用「無為」的「逆反」的方法，可以使「道」整個地動起來。

　　一種違反常規的做法往往是萬事萬物運動規律的表現。中國古人歷來反對做事拘泥教條，墨守成規。

　　這也告訴我們，在生活中，一定要對具體的問題做具體的分析，絕不能墨守成規、按圖索驥。在經營管理界有一句著名的格言：「別做大家都在做的事。」這在生活和工作中對我們都有指導意義，我們隨時都可以想想：有沒有更好的方法和途徑可以實現目標的？下面的故事對我們很有啟示作用。

　　一架飛機撞山失事了！成群的記者衝向深山，大家都希望能搶先報導失事現場的新聞，其中有一位廣播電台的記者

拔得頭籌，在電視報紙都沒有任何訊息資料的情況下，他卻做了連續十幾分鐘的獨家現場報導。

為什麼這位記者能搶個頭條呢？因為他未到現場之前，已先請當地友人找好了上山與下山的交通工具，其他的記者都只有想到趕快的上山去採訪新聞，沒想到要把新聞影帶送下山也是另一個大問題，所以在所有的過程都通暢之下，他的新聞影帶，就立刻透過傳送對全國聽眾做了最即時的報導。

好萊塢突然一窩蜂地拍攝有動物參加演出的影片。雖然大家幾乎是同時開拍，但是其中有一家，不但推出的比其他同業早了許多，搶得了先機，而且動物的表演也遠較別人精彩。

這位導演為什麼能成功呢？因為在同一時間，他找了許多隻外形一樣的動物演員，並各訓練一兩種表演。於是當別人唯一的動物演員費盡力氣，也只能演幾個動作時，他的動物演員卻彷彿動物界的天才一般，變出許多高難度的把戲。而且因為他採取好幾組同時開拍的方式，剪接起來很快就將電影推出上映。觀眾只見影片中的小動物，爬高下梯、開門關窗、送花送報，卻不知道那些全是由不同的小動物所演出的。

這世間有許多「非常的成功」，是以「非常的手段」來達成的，在追求自己理想的過程中，我們既要知道努力，也要知道思考，尋找實現目標的最佳途徑。

靈活運用「無中生有」

老子原文：

「天下萬物生於有，有生於無。」

譯　解：

　　天下的萬物產生於看得見的有形物質，有形物質又產生於不可見的無形物質。

　　古兵法《三十六計》中的「無中生有」就是對這一思想的靈活運用。此計的本義是憑空捏造，採取虛虛實實、真真假假的手法，用虛假、假象欺騙敵人，使敵人產生判斷失誤和行為錯誤的一種計謀。

　　這種計謀的應用領域是非常廣泛的。經常被用在戰爭中和政治場合中，以改變出師無名的被動局面，化被動為主動。洪秀全就曾「無中生有」地編造過一個神話，以使自己的行動「合乎天意，順乎民心」。

　　洪秀全是廣東花縣人，自幼苦讀四書五經等書籍，但幾

次投考秀才皆名落孫山。後來，洪秀全在西方基督教的宣導書《勸世良言》的影響下，創立了拜上帝教。先後編寫了《原道救世歌》等，並宣傳說中國人原來信奉的一切神仙佛道等皆是妖魔邪神，只有上帝才是唯一的真神。

為了鼓舞廣大民眾跟隨他進行推翻清王朝的鬥爭，洪秀全精心編造了一個神話。他用神話宣傳說，洪秀全在考試失敗後得到的《勸世良言》，是皇上帝賜給他的「天書」。回到家後曾大病四十餘天。在此期間，忽有天使下凡接他到天上去，天母在聖河為他洗去了污穢，聖賢之士為他剖開胸腹，換上新的五臟六腑，從此脫胎換骨。

洪秀全又說他見到了一位長著拖地金色長鬍鬚、相貌魁偉、身形高大、高居寶座之上的老人。這位老人就是超越時空、無所不能的真神皇上帝。皇上帝見到洪秀全後十分高興，說洪秀全是他的次子，帶領他從天上俯瞰全世界，只見人世間妖霧瀰漫，鬼怪橫行，迷害人民，眾生慘悽。

然後，皇上帝特賜給他一口寶劍和一顆印璽。上帝的長子，也就是其哥哥救世主耶穌教他如何用寶劍斬妖魔，印璽則是鎮服邪神的寶物。最後，皇上帝命洪秀全下凡人間做太平天王，救世誅妖。

太平天國起義的前夕，洪秀全等又利用當地所謂鬼神附

體的迷信方式，宣傳有一個拜上帝會會員臨死時鼓樂之聲由天而降，被天使迎入天堂，不久，這一拜上帝會會員的神靈附於一名幼童身上。這個幼童忽然神情昏迷，口中唸唸有詞「三八二一，禾乃玉食，人坐一土，作爾民極。」「三八二一」隱「洪」字；「禾乃玉食」隱「秀」字；「人坐一土」隱「全」字；四句聯起來的意思是：「洪秀全當作你們的君王。」

洪秀全編造的這一承上帝之命，下凡誅妖的故事，雖是「無中生有」、荒誕不經的神話，但當時廣大的勞苦大眾，熱切地希望能改變受苦受難的生活，因此，也幻想著能有一個真命天子出世，剷除人間不平。洪秀全更是把握時機，暗中行事，利用人們這一心理的需求，掀起太平天國農民運動。

在商業競爭中，也經常採用「無中生有」的謀略。

一八八〇年，一家法國公司承包修建一條通過巴拿馬的運河。起初，他們信心十足，但是在挖掘過程中遇到了許多意想不到的困難。錢很快就花光了，他們不得不忍痛暫時放棄了這一工程。

隨著國際貿易的日益擴大，美國也急著想修建一條橫穿美洲大陸的運河，但初選結果不是在巴拿馬，而是在尼加拉瓜。關於運河路線的問題，國會幾經爭論，到了一九〇二年

春，議員們才下了決心，準備批准在尼加拉瓜施工。

布諾・瓦列拉是一位年輕的工程師。他深知，如果不借此良機繼續修建巴拿馬運河，無疑將會造成一項巨大的損失。於是他下定決心要單槍匹馬的去改變國會議員們的意見。他清楚地記得：就在幾年前，尼加拉瓜曾發行過一枚印有尼加拉瓜莫莫通博火山的郵票。莫莫通博是一座著名的火山，正巧坐落在擬議中的運河航道附近。據說這是座死火山，但為了美化郵票，在火山上畫出了一縷繚繞的煙環，形同活火山一樣。布諾・瓦列拉於是跑遍了華盛頓，千方百計找到了九十枚這樣的郵票。第二天早晨，在每一位國會議員的桌子上都出現了一個信封，裡面有一枚郵票和布諾・瓦列拉的附言：「尼加拉瓜火山活動的官方見證。」

布諾・瓦列拉的舉動對具有商業頭腦的美國國會議員，發生了很大的震撼力，他們改變了主意，決定投票贊成接過尚未過期的法國合同，繼續修建穿過巴拿馬的運河。

布諾・瓦列拉用「曉以利害」的方法說服了國會議員。令人歎服的是，瓦列拉是借用尼加拉瓜官方的郵票這一「道具」做證明，說服力自然不言而喻了。

韓國巨富鄭周永當年用一張舊鈔遊說外商的故事，也有異曲同工之妙。

一九七〇年，韓國巨富鄭周永投資創建蔚山造船廠，要造一百萬噸級的超大型油輪。對於造船業來說，鄭周永可說是一個完完全全的門外漢，但他卻信心十足地認為：「造船和造發電廠一樣，總是由不會到會，從不熟悉到熟悉，沒有什麼了不起的！」沒多久，他就籌措了足夠的貸款，做好了各種準備，只等客戶來訂貨了。

　　但訂貨單可沒有預想中那麼容易得到。當時，外商沒有一個相信韓國的企業有造大船的能力。怎麼辦？鄭周永為此冥思苦想，終於想出了一招：他從一大堆發黃的舊鈔票中，挑出一張五百元的紙幣，紙幣上印有十五世紀朝鮮民族英雄李舜臣發明的龜甲船，其形狀極易使人聯想起現代的油輪。而實際上，龜甲船隻是古代的一種運兵船，李舜臣就是用這種船大敗日本人，粉碎了豐臣秀吉的侵略。鄭周永隨身揣著這張舊鈔，四處遊說，宣稱朝鮮在四百多年前就已具備了造大船的能力，現在完全有能力建造超級大油輪。經他苦口婆心地這麼一遊說，外商果然信以為真，很快就拿到了兩份各為二十六萬噸級油輪的訂單。

　　訂單到手，鄭周永立即率領員工日夜不停地趕工。兩年後，兩艘油輪竣工了，而蔚山船廠也真正建成了。

　　鄭周永以一張舊鈔遊說外商，獲得信任，真是令人叫絕。

這當然要歸功於他善於動腦，用心良苦地找到「替代品」，還設計好一套能自圓其說的說辭。

上述兩個故事中的主人翁都是巧妙地採用了「無中生有」的謀略。

《圍爐夜話》中指出：「為人循矩度，而不見精神，則登場之傀儡也；做事守章程，而不知權變，則依樣之葫蘆也。」精通謀略的人總是能夠積極動腦，積極地去創造機會，及時「製造出」急需的東西，以解燃眉之急。

以屈求伸，以退為進

老子原文：

「將欲歙之，必固張之；將欲弱之，必固強之；將欲廢之，必固興之；將欲奪之，必固與之。」

譯　解：

若要將其合上，得先將其張開；若要使其弱，得先使其強；若要將其廢掉，得先將其興起；若要奪取，得先給予。

在老子這段話中，「固張之」、「固強之」、「固興之」、「固與之」，是使自己處於柔弱地位，而使對手處於剛強地位。

物極必反，勢強必弱，這是「反者道之動」在強弱上的表現。因此，「張之」、「強之」、「興之」、「與之」到了一定的程度，對手就會向相反方向轉化，就會實現「歙之」、「弱之」、「廢之」、「奪之」的目標。因此，「張

之」、「強之」、「興之」、「與之」一種手段，是一種謀略，是透過這樣的謀略，以屈求伸，以退爲進。

老子的這句話表現出卓越的辯證思想。它告訴我們，爲了捉住敵人，事先要放縱敵人。這是一種放長線釣大魚的計謀。歷史上，孫臏和田忌賽馬的故事，就是對老子這一思想的靈活運用。

齊國的將軍田忌經常同齊威王賽馬。他們賽馬的規矩是：雙方各下賭注，比賽共設三局，兩勝以上爲贏家。然而每次比賽，田忌總是輸家。

這一天，田忌賽馬又輸給了齊威王。回家後，田忌把賽馬的事告訴了自己的高參孫臏。孫臏是軍事家孫武的後代，飽讀兵書，深諳兵法，足智多謀，但不幸被龐涓謀害殘了雙腿。孫臏來到齊國後，很受田忌器重，被田忌尊爲上賓。

孫臏聽了田忌談他賽馬總是失利的情況後，說：「下次賽馬你讓我前去觀戰。」田忌非常高興。

又一次賽馬開始了。孫臏坐在賽馬場邊上，很有興趣地看田忌與齊威王賽馬。

第一局，齊威王牽出自己的上馬，田忌也牽出了自己的上馬，結果跑下來，田忌的馬稍遜一籌。

第二局，齊威王牽出了中馬，田忌也以自己的中馬與之

相對。第二局跑完，田忌的中馬也慢了幾步而落後。

第三局，兩邊都以下馬參賽，田忌的下馬又未能跑贏齊威王的馬。看完比賽回到家裡，孫臏對田忌說：「我看你們雙方的馬，若以上、中、下三等對等的比賽，你的馬都相應的差一點，但懸殊並不太大。下次賽馬你按我的意見辦，我保證你必勝無疑，你只管多下賭注就是了。」

這一天到了，田忌與齊威王的賽馬又開始了。第一局，齊威王出那頭健步如飛的上馬，孫臏卻讓田忌出下馬，一局比完，自然是田忌的馬落在後面。

可是到第二局形勢就變了，齊威王出以中馬，田忌這邊對以上馬，結果田忌的馬跑在前面，贏了第二局。最後，齊威王剩下了最後一匹下馬，當然被田忌的中馬甩在了後面。這一次，田忌以兩勝一負而取得賽馬勝利。

田忌以前賽馬的辦法總是一味的硬拚，希望一局也不要輸，結果因自己的總體實力差那麼一點，總是輸。孫臏則巧妙運用自己的優勢，先讓掉一局，然後保存實力去確保後兩局的勝利，這樣便奪下了整體的勝利。

有時，「退一步是為了進兩步」。一般來說，一時縱敵，百日之患。但是，在特殊情形之下，縱敵不僅無害，反而有益。在敵人被打敗但尚有一定實力時，不要急於進

攻，防止敵人垂死掙扎，拚命反撲，給我方造成不應有的損失。這就是兵法上常說的「窮寇勿迫」。正確的做法應當是放縱敵人虛留生路，讓敵人看到一線希望，精神鬆懈，然後伺機殲滅。

以守為攻，後發制人

老子原文：

「用兵有言：吾不敢為主而為客，不敢進寸而退尺。」

譯　解：

兵家常說：我不敢採取攻勢，而寧願採取守勢；我不敢前進一寸，而寧願後退一尺。

這就是主張要以守為攻，以退為進，實是後發制人。老子在運用處柔守弱的哲理於競爭謀略時，十分強調後發制人的策略。

後發制人，是以逸待勞，避其鋒芒，積蓄力量，隨後看準時機，回頭猛擊，自保而全勝。後發制人是有計劃、有目的的行動。退卻、「為客」，不是被對手逼著、趕著敗退，而是主動牽著對手走。放棄一些陣地（退尺），不是永久的喪失，而是為了更多的取得。

避免決戰，不是畏敵怯戰，而是待機而戰。因此，後發制人不同於「後發制於人」，它是積極的而不是消極的，執行時要想在前，備在先，而不是被動應付。

後發制人，就是充分客觀地分析自己和競爭對手的優劣形勢和發展變化規律，積極地等待和想辦法改變自己的實力，使其不斷地壯大和對方力量的削弱，最終改變雙方力量的對比，一舉扭轉情勢戰勝對手。這是一個動態的以守轉攻的過程，它是由一系列的步驟而組成的：

一、客觀分析，知己知彼

在客觀分析當前敵我雙方的優劣時，要先端正心態，實事求是，不能抱有恐懼、自卑、自大、盲目等偏見。從《周易》、《老子》到《矛盾論》，古往今來的先賢偉人都在告訴我們：做任何事，不但要看到事物有利的一方面，更要看到事物不利的一方面。不能偏於任何一個方面，而失去對事物完整性的觀察和分析。用一句簡單的話來說就是：知己知彼。

凡事有利必有弊。就像刀子一樣，有鋒利的一面，也有厚實的一面。鋒利的一面之所以鋒利，是需要不鋒利並略顯笨拙的刀背來支持的。反過來說，鋒利的刀鋒較容易崩口，而刀背卻不容易崩口。優劣之間是相輔相成的，互為依托。

你不能只想有優勢而沒有劣勢，那是不可能的，也是不現實不客觀的。從另一個角度來說，沒有不存在弱點的對手，只是你沒有發現而已。所以，無論是處在如何的劣勢下，你都有自己的優勢，要善於發現並利用。

還要注意分析事物的發展規律，要明白事物並不是一成不變的。而且，這個過程是可以透過人為的努力，向有利於我們的方面積極改變的。

二、等待時機，積累優勢

要戰勝敵人，首先要使自己不被敵人打敗。這是前提，你自己都不能生存了，根本就無從談起打敗敵人。

任何一件事物的存在或是一件事情的成功，都有其相關因素的支撐和影響。這一點對於敵我雙方來說，都是一樣的。對於我方，要積極的改變不能成功的因素。在這一過程中，需要耐心的等待。首先，資源的積累需要一定的時機來完成。一些不可控的因素，需要等待，因為誰也無法預測。這個過程可能是漫長的，枯燥的，需要我們耐心地等待和不懈地努力。

不要忽略這時的你在實力上還不如對手，千萬不要輕易挑釁對手，也不要忍不住對手的挑釁。此時不僅不能決戰，還要避免讓敵人注意你，挑釁你，消耗你的實力。你可以積

極地麻痺對手來改變對手的敵意，在條件適宜的情況下，改變對手的進攻方向。讓其與更強大或別的對手競爭，以消耗對手的實力。

三、削弱對手的力量，改變敵我雙方的力量對比

強的一方不可能什麼都強，不可能在什麼地方都是一樣。強者，它實力雄厚，這是它的強項，我們要客觀地予以承認。我們不和它硬碰硬，我們在其他的地方和它比。比如說兩個人單獨作戰，一個人開著坦克車、一個人騎著摩托車。當然，在平原作戰時，坦克車占有絕對的優勢，這時摩托車就不能和它來硬的，只要把摩托車騎到木橋上，騎到山坡的小路上，鑽進小巷裡。這就不是坦克車的優勢了，我就這樣和你爭。

當然，強大的組織一開始也是由弱小的組織發展出來的，今天的強者同樣曾經是弱者。這也是客觀的現實，不能不承認。

我們要透過多方的觀察摸清敵方的規律，順應對方的變化而變化。觀察敵方決策和行動的正確和錯誤，以控制其要害。比如說，用他所貪求的東西作為誘餌，使他疲於奔命。當敵方出現空隙時，要盡快地乘虛而入。

如果對方驕傲要使其更驕傲，如果對方自卑則想辦法使

它更自卑，等等。讓他把各種弱點都顯現出來，然後設法加以控制；讓他把各個環節都暴露出來，然後設法加以打擊。

「患」與「利」是相輔相成的。對於一般人來說，有些事情是「患」，而對於高明的戰略家來說，這些「患」則是「利」。高明的戰略家善於把「患」轉化為「利」，把挑戰轉變為機遇。在軍事上，有些將帥被敵人所謀，慘遭失敗；而有些將帥則將計就計，變不利為有利，獲得了勝利。

四、時機成熟，全面出擊

處於弱勢地位的一方，面對強大的一方，如果過早的暴露，就會引起對方的毀滅性打擊。我們一方面保持胸無大志的樣子，一方面暗中積極裝備。對於弱者來講，要確立持久制勝的心理準備，保存和積蓄自己的實力，分解和消耗對方的實力，抓住有利時機和有利的情勢，一舉擊敗對手。

弱者需要能承受得住時間的考驗，要能忍受住任何情況的誘惑和衝擊，要克制自己在對方的弱點沒有徹底暴露、有利條件沒有完全出現之前，絕不動手。一旦決定出擊，後發而動，要特別強調一招制敵，毀掉對方藉以應對打擊的因素和條件，一舉置對方於死地。

透過上面的分析，我們能清楚的知道弱小並不可怕。它是事物成長的必經環節，沒有了它事物就不能有效的成

長。它其實也有許多的優勢，我們不僅要善於發現其優勢，
還要盡量利用。積蓄力量改變當前的狀況，爲日後的成功做
準備。

以柔克剛，戰勝頑敵

老子原文：

「天下之至柔，馳騁天下之至堅。無有入無間」；
「柔之勝剛也，弱之勝強也，天下莫不知。」

譯　解：

天下最柔弱的東西，能夠戰勝天下最剛強的東西。沒有形體的東西，能滲透進入沒有間隙的地方；柔之所以能夠戰勝剛，弱之所以能夠戰勝強，這個道理普天之下的人沒有誰不懂。

老子以柔克剛的思想，是非常有名的，這一思想對於我們在日常生活中有著多方面的啓示。在民間流傳著這樣一個故事：

三國時代，蜀漢的大將關公，曾經降服了一個叫周倉的山賊做他的侍衛。周倉力大無窮，可惜生性粗心大意，不太用頭腦。這一天，關公騎馬，周倉步行，兩人來到一棵樹蔭

下休息，見樹下有一群螞蟻在爬，關公便對周倉說：「周倉，你打這些螞蟻看看。」周倉伸出拳頭，用力一砸，地面凹進一塊，螞蟻卻沒事；再用力一砸，手痛得他哇哇大叫，螞蟻還是若無其事。周倉眼見自己連小小的螞蟻都打不死，急得滿臉通紅。

關公說：「看我的。」只見他伸出食指，輕輕一揉，螞蟻一下死了好幾隻。周倉看得目瞪口呆，關公便對他說：「有很大的勇氣和力量還不夠，還要懂得運用智慧和謀略，才能做大事、成大器。」

在政治鬥爭和軍事鬥爭中，當自己處於不利地位，或力量薄弱的情況下，或有時會遇到伏兵或秘探等等——實際上是對方採取的一種突然襲擊式的策略，例如，有時對方會派人突然出現在自己的面前，有時敵人會派小批部隊深入自己的陣地、管區等。在這種情況下，採取什麼謀略，就非常重要。如果手忙腳亂，倉促應付，那就很容易為敵人或對方抓住弱點、找到口實；如果不分情況地與之正面相對抗，或不講方式地把對方往外攆，也很容易上當、吃虧。

最好的謀略就是：沉著應付，以靜制動，以柔克剛。先想法避開對方的鋒芒，以禮相待，使之抓不住把柄、找不到藉口，然後再採用適宜的方法，將其「送出」去，使其滿懷

希望而來，帶著失望而去。當然，對於心懷叵測的敵人，如果確有必要，而且也有把握的話，也可以先禮後兵，將送到口的菜吃掉。

以柔克剛，是一種高超的心理作戰謀略。由於所遇到的實際情況千差萬別，實際的情形不盡相同，因而以柔克剛的具體謀略也應該有所不同。整體的表現都是：用柔的、軟的、溫和的、很合乎禮儀的方式、方法或手段，來戰勝頑敵。

當然，以柔克剛並不只適用於同「不速之客」的較量鬥爭中，也可以應用於其他情形。在某種意義上說，這一謀略具有普遍意義，當面臨任何強大的對手或敵人時，均可採用。

當然，以柔克剛的謀略也可以推廣到經濟、文化和商業談判的工作之中，即在這些工作中，也會碰到一些很棘手的矛盾和問題，以剛制剛反而難於見效，倒不如以柔克剛。比如，在經貿交易中，遇到剛毅的對手，就可以透過柔和的策略說服或戰勝之；在商業談判中，遇到一些吃軟不吃硬的商業鉅子，也可採用以柔克剛的方法。

不戰而屈人之兵

老子原文：

「善有果而已，不敢以取強。果而勿矜，果而勿伐，果而勿驕，果而不得已，果而勿強。」

譯　解：

「善」無非是有「果」而已，也就是說，行善必然會結出善之「果」。但是，善之「果」是不能以強惡霸道的方式取得的。須知，切勿為了善之「果」而自高自大，切勿為了善之「果」而自吹自擂，切勿為了善之「果」而驕矜橫蠻，切勿為了善之「果」而不得已，切勿為了善之「果」而強惡霸道。

老子的這段話在告知我們，善於用兵的人，只要達到用兵的目的也就可以了，不可因兵力強大而逞強好鬥。達到目的了卻不自我矜持，達到目的了也不去誇耀驕傲，達到目的了也不要自以為是，達到目的卻出於不得已，達到目的卻不

逞強。這不禁使我們想起下面這個故事：

在一個遠方的國家，有兩個非常傑出的木匠，他們的手藝都很好，難以分出高下。

有一天，國王突發奇想：「到底哪一個才是最好的木匠呢？不如我來辦一次比賽，然後封勝者為『全國第一的木匠』。」

於是，國王把兩位木匠找來，為他們舉辦了一次比賽，限時三天，看誰刻的老鼠最逼真，誰就是全國第一的木匠，屆時不但可以得到許多獎金，還可以得到冊封。

在那三天裡，兩個木匠都不眠不休地工作。到了第三天，他們把已雕好的老鼠獻給國王，國王把大臣全部找來，一起作本次比賽的評審。

第一位木匠刻的老鼠栩栩如生、纖毫畢現，甚至連鼠鬚也會抽動。

第二位木匠的老鼠則只有老鼠的神態，卻沒有老鼠的形貌，遠看勉強是一隻老鼠，近看則只有三分像。

勝負即分，國王和大臣一致認為第一個木匠獲勝。

但第二個木匠當庭抗議，他說：「國王的評審不公平。」

木匠說：「要決定一隻老鼠是不是像老鼠，應該由貓來決定，貓看老鼠的眼光比人還銳利呀！」

國王想想也有道理，就叫人到後宮帶幾隻貓來，讓貓來決定哪一隻老鼠比較逼真。

沒有想到，貓一放下來，都不約而同撲向那只看起來並不十分像的「老鼠」，啃咬、搶奪；而那只栩栩如生的老鼠卻完全被冷落了。

事實擺在面前，國王只好把「全國第一」的稱號給了第二個木匠。

事後，國王把第二個木匠找來，問他：「你是用什麼方法讓貓來認定你刻的是老鼠呢？」

木匠說：「國王，這個道理其實很簡單，我只不過是用魚骨刻了隻老鼠罷了！貓在乎的根本不是像與不像，而是腥味呀！」

人生的競賽往往是這樣，獲勝者往往不是技巧最好的，而是那些最肯懂腦筋、最有創意的人。

天之道，不爭而善勝

老子原文：

「上善若水，水善利萬物而不爭」。「夫唯不爭，故無尤」。「夫唯不爭，故天下莫能與之爭」；「天之道，不爭而善勝」。

譯　解：

最善的人好像水一樣。水善於滋潤萬物而不與萬物相爭；正因為有不爭的美德，所以沒有過失，也就沒有怨咎；正因為不與人爭，所以普天之下沒有人能與他爭；自然的規律是，不鬥爭而善於取勝。

「上善若水」，是講最善的人，像水的特性一樣。對於處下不爭，老子以「水」作了十分生動而貼切的比喻。這個比喻，綜合了處下不爭的要點，對我們為人處世是很有參考價值的。

那麼，水的特性是什麼呢？

「水善利萬物而不爭，處眾人之所惡」，這就是水的特性。從老子這一描述中，可以看到水有三種特性：

一是「利萬物」，就是能滋養萬物。每個人在生活中都要有利民利己的思想，為社會創造物質和精神財富；同時，要盡其所能，幫助別人，幫助別人克服工作、生活中的困難，幫助他們提高思想水準、道德標準和業務素質，使他們得到成長。

二是「不爭」，守柔弱，順其自然而不與萬物相爭。在生活中，要像水那樣，不與同學、同事、朋友爭名爭利，要淡泊功利。

三是「處眾人之所惡」，就是身處於眾人所厭惡、不願處的卑下地方。為了自己的發展，積蓄力量和經驗，就要像水那樣，去別人不願去的地方，處別人不願處的卑下地位，做別人不願做的事，堅忍負重，居卑忍辱。

「故幾於道」，水的這三大特性，老子認為已很接近於「道」了。也就是說，一個人如果能做到這三方面的要求，基本上就已吻合了「無為」的處世精義了。

接著，老子又用「居善地……」等文字，從幾個方面，對「水德」進行了描述。其目的是告誡我們，你如果想成為「上善之人」，成為優秀的人才，就要像水那樣，具備這幾

個方面的品德。它們是：

「居善地」。地，是指低下。這是說，水處於低下的地位。由此，「上善之人」，優秀的人才，在為人處世時，要處下，謙退，安於卑下。

「心善淵」。水淵深清明。由此，作為一個優秀的人，心境要像水一樣，善於容納百川。

「與善仁」。水，施於萬物而無私心。由此，優秀的人在與人交往時，應助長萬物而不望回報。

「言善信」。水，照萬物，各如其形。誠實不妄，毫無虛構。由此，優秀的人對別人，尤其是對同學、同事和朋友，要所言出自至誠，重誠、重信、重承諾，絕不虛偽。

「正善治」。正，是「政」，也就是管理。水，能滋養萬物，清除污垢。由此，優秀的管理者為政、管理要像水那樣公平，有條不紊，善於取得良好的政績。

「事善能」。能，是指功能。水，能方能圓。由此，一個人在生活中，要像水那樣靈活四通，通權達變，有極強的創新能力，應變能力。在生活中遇到障礙的時候，如果不能改變環境，就看看是否能夠改變自己。下面的這個故事就具體地說明了這一道理。

很久很久以前，人類都還赤著雙腳走路。

有一位國王到某個偏遠的鄉間旅行，因爲路面崎嶇不平，有很多碎石頭，刺得他的腳又痛又麻。回到王宮後，他下了一道命令，要將國內的所有道路都鋪上一層牛皮。他認爲這樣做，不只是爲了自己，還可造福他的人民，讓大家走路時不再受刺痛之苦。

但即使殺盡國內所有的牛，也籌措不到足夠的皮革，而所花費的金錢、動用的人力，更不知幾何。因爲這是國王的命令雖然根本做不到，甚至還是相當的愚蠢，但大家也只能搖頭歎息。

一位聰明的僕人大膽向國王提出諫言：「國王啊！爲什麼您要勞師動眾，犧牲那麼多頭牛，花費那麼多金錢呢？您何不只用兩小片牛皮包住您的腳呢？」國王聽了很驚訝，但也當下領悟，於是立刻收回成命，改採這個建議。據說，這就是「鞋」的由來。

爲了「事善能」，如果你在生活中感到不適應，不要抱怨或試圖改變世界，而是要先改變自己。

「動善時」。時，是指時勢，時機。水的動靜變化，都能順應時勢。由此，一個人在生活中要善於把握時機，一切行爲要能與時推移，隨俗化成，相機而行。對於機遇，要及時做出反應。要像水那樣，隨著動盪變化的趨勢而因應動盪

起伏變化，跟著靜止的狀態而安詳澄止。

「不爭而勝」是道家哲學的一個基本觀點。這個道理用在今天的企業經營活動中，就是「專注於客戶的需求，而不是競爭對手的舉動」。

比如，「海爾公司」在大陸市場的成功，在一定程度上就可以歸結為「不戰而勝」式的成功。當韓國家電發動聲勢浩大的「價格戰」時，許多歐美日系家電企業紛紛跟進，只有海爾不為所動，始終堅持它的「以客戶為中心」的理念，只為客戶的（個性）需求而動。

「海爾」在冰箱方面的獨特做法是，針對都會地區的許多家庭住房面積較小的特點，專門為都會家庭市場設計了一批瘦長型、佔用面積小、外觀漂亮的「小小王子系列」；針對大陸南部地區盛產水果、一年四季都有水果上市的特點，開發了水果專用的獨立保鮮室「果蔬王」。

海爾常常在滿足別人看來是「無理要求」的過程中，在洗衣機方面發掘了許多潛在的細分市場。

某年，四川某地的農村用戶用洗衣機洗地瓜，洗下的泥沙堵塞了洗衣機出水口，造成故障。於是，海爾洗衣機的技術部門專門開發出一款能洗地瓜的「洗衣機」。

海爾研發人員去西北考察時，熱心的藏族同胞總是用花

很多時間製成酥油茶招待他們。感動之餘，便開發了能打酥油的料理機銷往青藏高原。

如此個性化的產品還有很多：針對農村地區電壓不穩定的現狀而開發出的「寬電壓」洗衣機；針對有的城市水壓不足的現狀而開發出的「零水壓」洗衣機；針對缺水地區水質硬，衣物不易洗乾淨的現狀而開發出的超洗淨力洗衣機；針對潮溼地區梅雨季節晾衣時間長，容易滋生細菌的現狀而開發出的洗、脫、烘乾功能的洗衣機；為滿足用戶希望洗衣機達到像手洗一樣效果而開發出的「手搓式」洗衣機；為了解決「洗得淨又省水」這個難倒全球同行的難題而開發出的變速洗衣機，實現了根據不同衣物選用不同洗滌方式和脫水轉速，在確保洗得淨的前提下還可以達到省水五〇％的功能。此外，海爾還有專門為中東地區設計的「大容量」洗衣機、專門為韓國人脫乾「草藥」而設計的「小颶風」脫水機……

試問，海爾如此「不爭」，天下誰能與之爭？這就是「不爭」，而「天下莫能與之爭」，「不爭而善勝」的真實案例。

千萬不可輕敵

「禍莫大於輕敵，輕敵幾喪吾寶。故抗兵相若，哀者勝矣。」

禍患再沒有比輕敵更大的了，輕敵幾乎喪失了我最寶貴的東西。所以，兩軍實力相當的時候，悲痛的一方反而可以獲得勝利。

這就是「哀兵必勝」的思想。下面的這段歷史故事對這一思想進行了最貼切的詮釋：

公元前二七九年，燕軍大舉進攻齊國，齊國幾乎淪陷，只剩莒、即墨兩城尚在堅守，情況危急。即墨的守將叫田單，他看到陣營內的士氣非常低落，覺得再這樣下去即墨恐怕也守不住了，便決定想個計策，給大家打打強心針。他設了這樣一個局：

　　田單派出間諜到城外，對燕軍宣傳說：「田單將軍最怕燕軍俘虜齊軍士兵後，把他們的鼻子割掉，再把他們放到攻擊部隊的前頭，那樣即墨守軍的精神非崩潰不可！」燕軍的將領叫騎劫，他是個糊塗蟲，居然相信了。他果真這樣去做，令人將俘虜的鼻子全割掉，推到陣前恐嚇齊軍。城中軍民看到被俘士兵被割去鼻子，異常憤怒，決定死守。

　　田單又派出間諜四處散佈言論說：「我最怕燕軍挖即墨城外的墳墓，那會使城中軍民人人寒心，失去鬥志。」於是燕將不僅下令挖掉齊人的墳墓，還焚燒掉骸骨，威逼齊人投降。

　　城中齊國軍民一見祖墳被掘，悲痛涕零，義憤填膺，決心同燕軍決一死戰。田單看到高昂的士氣上來了，便率領軍民大舉反攻。燕軍潰敗，齊軍很快就收復了所有的失地。

　　老子認為，哀兵必勝。示以「哀兵」之形，往往會造成敵方驕縱輕敵心理，而己方因處於受壓迫、受凌辱的地位，必然懷著滿腔悲憤，求勝爭強。田單正是借敵人的傲氣來鼓舞自己的士氣，這比自己給自己鼓勵的效果還要好得多。

大辯不言，大智若愚

老子原文：

「大成若缺，其用不弊。大盈若沖，其用不窮。大直若屈，大巧若拙，大辯若訥。」

譯　解：

最完滿的東西，好似有殘缺一樣，但它的作用永遠不會衰竭；最充盈的東西，好似是空虛一樣，但是它的作用是不會窮盡的。最正直的東西，好似有彎曲一樣；最靈巧的東西，好似最笨拙的；最卓越的辯才，好似不善言辭一樣。

有時候，人在公眾場合並不需要太多的言行表現，「此時無聲勝有聲」，默默無言反而會使對方摸不著邊際，高深莫測，使其懾服，老子所說的「大辯若訥」就是這個道理。

三國時，諸葛亮擺下一座空城。諸葛亮帶幾個侍衛在城頭撫琴，司馬懿率百萬之眾殺至城下，諸葛亮表情自然，談

笑風生。愈是怡然自得，愈是令司馬懿心中不安，狐疑多時，不敢貿然攻城。傳下令去，退避三舍。

諸葛亮不動一兵一卒，反而嚇退了司馬懿百萬雄兵；如果諸葛亮以硬抗硬，勢必會城破人亡，性命難保。

這就是老子所主張的「無為」戰勝「有為」。其主要原因是，在某些情況下，你愈是不言不語，氣定神閒，越是給人一種老謀深算、變幻莫測的神秘感，同時也就必然帶來恐懼感，靠其自己莫名的恐懼感去征服他自己的意志，去做你希望他做的事，達到你預期的目的。

這種作法表面上看來是沒有積極主動地採取任何行動；而實際上，也正是這沒有行動，才取得了最有效的行動效果，產生潛在的約束力，約束住對方。公孫弘不作辯解的故事，也有異曲同工之妙。

漢代公孫弘年輕時家貧，後來貴為丞相，但生活依然十分儉樸，吃飯只有一個葷菜，睡覺只蓋普通棉被。就因為這樣，大臣汲黯向漢武帝參了他一本，批評公孫弘位列三公，有相當可觀的俸祿，卻只蓋普通棉被，實質上是使詐以沽名釣譽，目的是為了騙取儉樸清廉的美名。

漢武帝便問公孫弘：「汲黯所說的都是事實嗎？」

公孫弘回答道：「汲黯說的一點都沒錯。滿朝大臣中，

他與我交情最好，也最瞭解我。今天他當著眾人的面指責我，正是切中了我的要害。我位列三公而只蓋一般棉被，生活水準和普通百姓一樣，確實是故意裝得清廉以沽名釣譽。如果不是汲黯忠心耿耿，陛下怎麼會聽到對我的這種批評呢？」漢武帝聽了公孫弘的這一番話，反倒覺得他為人謙讓，就更加尊重他了。

公孫弘面對汲黯的指責和漢武帝的詢問，一句也不辯解，並全都承認，這是何等的一種智慧呀！汲黯指責他「使詐以沽名釣譽」，無論他如何辯解，旁觀者都已先入為主地認為他也許在繼續「使詐」。公孫弘深知這個指責的份量，採取了十分高明的一招，不作任何辯解，承認自己沽名釣譽。這其實表明自己至少「現在沒有使詐」。由於「現在沒有使詐」，被指責者及旁觀者都認可了，也就減輕了罪名的份量。

公孫弘的高明之處，還在於對指責自己的人大加讚揚，認為他是「忠心耿耿」。這樣一來，便給皇帝及同僚們留下這樣的印象：公孫弘確實是「宰相肚裡能撐船」。既然眾人有了這樣的看法，那麼公孫弘就用不著去辯解沽名釣譽了，因為這不是什麼政治野心，對皇帝構不成威脅，對同僚構不成傷害，只是個人對清名的一種癖好，無傷大雅。

　　人們在生活和工作中，由於各種原因，有時難免會自覺或不自覺地陷入一種尷尬的境地，對此，如果我們心慌意亂，手足無措，忙於解釋和辯解，處理不好，往往會給自己及他人帶來更大的不安和麻煩；相反，如果你能靜下心來，沉住氣，不去忙於解釋，顯得「笨拙」、「木訥」一些，反而能更容易的化解各種危難於無形。

第三章

《老子》的快樂主張

快樂幸福無疑是人生的偉大目標，我們每個人都在尋求自己的幸福之路。幸福和快樂依靠什麼？是依靠物質和外在的其他各種條件嗎？

　　很多人認為，快樂是有條件的，快樂的本質是患得患失，快樂的存在是依賴於外在環境和事物的。其實，這種觀念是錯誤的！也許你擁有滿抽屜的高級金筆，但它卻不能幫你寫出美麗的詩句；也許你擁有整個房間的衣物，但穿在你身上的也只是一套。對物質無止境的追求，非但不能追求到幸福本身，還可能剝奪了你已到手的幸福。

　　一定要讓孩子瞭解的是，幸福和快樂就在他的身邊，他的內心，就看他抱持什麼樣的心態，去追求什麼，怎麼去追求！老子提出了「知足常樂」的理念，他說：「禍莫大於不知足，咎莫大於欲得。故知足之足，常足矣。」

　　要教會孩子透過閱讀《老子》，理解幸福和快樂的真諦，使自己從生活中的各種痛苦中解放出來，靠自己的力量，達到了心理的和諧和平衡，活出生命的意義，活出快樂和幸福，走向健康成長的道路。

不去過分追求生活享受

老子原文：

「夫唯無以生為者，是賢於貴生。」

譯 解：

唯有清心寡慾，恬淡虛靜，才是真正珍重他自己的生命；自奉太深，縱慾太深，反而是輕視自己的生命。

在這裡，老子的思想就是強調淡泊名利。淡泊名利是對金錢、名譽、地位的態度，它是建立在少私寡慾，不去爭鬥的認知上的。首先，人們生活的環境，離不開一定的道德文化、社會習俗，對待客觀事物的認識，也不得不受道德、習俗的制約。只有具備了良好的道德水準及清靜無為，才能在紛亂複雜的環境中保持清醒的頭腦，也才有可能擁有對事物的客觀評價。

一般人看到或得到自己喜愛的東西時心情很愉快，得到或見到自己厭惡的東西則相反。因為金錢、名譽、地位這幾

樣東西是人們再現實生活中所無法迴避的，只有拋棄個人好惡，拋棄個人私慾，不受名譽與金錢的誘惑，保持樸實的生活，不去追求華麗、浮躁的東西，才能做到「不以物喜，不以己悲」，才會對客觀事物有一個正確的認識和判斷。

據說乾隆皇帝遊江南的時候，有一次在山上眺望景色，看見許多帆船在海上駛行，往來如織。他便問他的大臣那幾百艘帆船上的人在幹什麼，他的大臣答道，他只看見兩艘船，一艘叫「名」，一艘叫「利」。而林語堂先生更是把名和利稱爲「人生的兩個大騙子」。

許多有修養的人士能夠避開利的誘惑，可是只有最偉大的人物才能夠避開名的誘惑。有一次，一個僧人和他的弟子在談論這兩種俗慮的根源時說：「絕利易，絕名心難。隱士僧人仍冀得名。彼等樂與大眾談經說法，而不願隱處小庵，如我輩與弟子作日常談。」

那個弟子答道：「若吾師者，誠可謂世上唯一絕名心之人矣。」師傅微笑而不言。

不管是有意的或無意的，我們在這塵世中都是演員，對著一群觀眾扮演我們所認可的角色和故事。

這種演戲的才能以及與之有關的模仿的才能，是我們人類所異於其他物種最突出的特質。這種展覽和表演的才能毫

無疑問地它是可以獲得實際利益的，其最明顯的利益就是觀眾的喝彩。可是喝彩的聲音越大，舞台後心緒的紛亂也越厲害。它同時也幫助一個人去謀生，所以我們不能怪什麼人依觀眾所認可的方式去扮演他的角色。

可是，那演員也許會取那個人的地位而代之，完全佔有了他：這是唯一可議之處。在這世上，享盛名居高位的人，能夠保存他們的本性者，為數甚少；也只有這種人在演戲的時候知道他們是在演戲，他們不被權位、名利、產業和財富等等人造的幻覺所欺騙，當這些東西跑來找他們時，他們總是用一種無慾的心情去接受，可是他們不相信他們這樣做便和常人不同。這一類的人物，這些精神上的偉人，在他們的個人生活上才會始終做到淡泊名利。因為他們不被這些幻象所纏繞，所以簡樸永遠是真正偉大的人物特質。小官僚幻想著自己的偉大；社交場中的暴發戶展示他的珠寶；幼稚的作家幻想自己已躋身不朽的作家之林，於是便立刻變成較不簡樸，較不自然的人：世間再也沒有什麼行為更足以表示渺小的心智了。

我們演戲的本能是根深蒂固的，所以我們常常忘記我們在離開舞台的時候，還有真正的生活要度過。於是我們一生辛辛苦苦地工作著，不是依我們的真本能為自己而生活著，

而是爲了得到他人的稱許而生活著，就如同中國俗語所說的那樣：「爲他人作嫁衣裳」。

老子的「無爲而無不爲」的思想啓示我們，當你期待某一事物時，你越想擁有，就越沒有機會擁有。因爲它的變化並不是如你所期待的那樣。相反，我們越不看重它，反而越會得到它。也就是說，我們越能做到淡泊名利，就越能符合事物的發展規律，也就越接近自然。

摒棄物慾的誘惑

老子原文：

「五色令人目盲；五音令人耳聾；五味令人口爽；馳騁畋獵，令人心發狂，難得之貨，令人行妨。是以聖人為腹，不為目，故去彼取此。」

「塞其兌，閉其門，終身不勤。開其兌，濟其事，終身不救。」

譯 解：

沉溺於「色」使人難有遠大的目光，沉溺於「音」使人難有廣闊的見聞，沉溺於「味」使人難有寬大的胸懷，沉溺於玩獵使人驕狂，沉溺於玩物使人行為不良。因此，聖人注重的是自己內心世界的昇華，而不注重身外之物的佔有和享受。所以，要摒棄物慾的誘惑而保持安定知足的生活方式。

塞住慾念的孔穴，閉起慾念的門徑，終身都不會有煩擾之事。如果打開慾念的孔穴，就會增添紛雜的事件，終身都不可救治。

　　五色就是青、黃、赤、白、黑，泛指色彩繽紛，色彩繽紛就容易使眼睛看不清楚，看不明白。大家是否都有這種經驗，如果晚上到舞廳或PUB裡去，那種五顏六色的燈光在搖啊搖啊，你能看得清楚嗎？人若長期在這樣的環境下視力就會漸漸下降，分辨能力也會跟著下降，所以叫「五色令人目盲」。

　　這兩段的意思都是讓人們控制自己的慾念，而不是去滿足它們。在很多時候，金錢帶給人們的是煩惱，而不是歡樂。

　　從前，有一個山西商人，生意做得很大，財產很多，可是這商人一天到晚，必須自己打算盤，親自管理帳務。雖然請了帳房先生，但總帳還是得靠自己計算，每天打算盤打到深夜，睡又睡不著，年紀又大，當然很煩惱痛苦。

　　挨著他家高牆的外面，卻住了一戶很窮的人家，兩夫妻做豆腐維生，每天凌晨一早起來磨豆子、煮豆漿、做豆腐，有說有笑，快快活活。可是這位富商，還沒入睡，還在算帳，弄得頭暈眼花。這位富商的太太說：「老爺！看來我們的生活過得太沒意思了！還不如隔壁賣豆腐的那對夫妻，他們儘管窮，卻活得很快樂。」這位富商聽了太太這樣講，便說：「我明天就叫他們笑不出來。」於是他就開了抽屜拿了一錠十兩重的金元寶，從牆上丟了過去。

那對夫妻正在做豆腐，跟往常一樣又唱歌，又說笑，突然聽到門前「撲通」一聲，掌燈來看，發現地上平白地放著一個金元寶，認為是天賜橫財，悄悄地撿了回來，既不敢歡笑，更不敢唱歌了，心情為之大變。心裡想，天上掉下黃金，這怎麼辦！這是上天賜給我們的，不能洩露出去給人家知道，可是又沒有好地方儲藏——那時候當然沒有使用保險櫃——放在枕頭底下又不好睡覺，放在米缸裡也不放心，直到天亮豆腐既沒有磨好，金元寶也沒有藏好。

第二天，夫妻倆心想，這下發財了，不用再賣豆腐了，打算到哪裡買一幢房子，可是一下子發的財，又容易被人家誤以為是偷來的，如此商量了三天三夜，這也不好，那也不對，還是得不到最好的方法，夜裡睡覺也不安穩，當然再也聽不到他們夫妻倆的歡笑聲和歌唱聲了！到了第三天，這位富商告訴他的太太說：「你看！他們不說笑、不唱歌了吧！辦法就是這麼簡單。」

窮人沒有見過很多的錢，也沒有經歷過擁有財富的日子，以為財富很好，認為財富多了，就會快樂和幸福，實際上根本不是那麼一回事！如果你想在生活中獲得幸福，首先就要學會控制希望金錢越多越好的慾望。

很早很早以前，傳說有個農夫在山坳裡挖出一具至少一

百多斤、價值連城的金羅漢，發了大財。周圍的親友都向他投去羨慕的眼光。

可農夫卻反比先前更覺愁苦了。往常，他種田工作，只要吃飽穿暖，就無憂無慮，自在得很，可是自從挖到金羅漢後，反倒食不甘味，睡不安穩起來。

怕被人家偷是個原因，但還有一個更大的原因，就是他整日都在絞盡腦汁地想：「十八羅漢我只挖到一個，其他的十七個不知在什麼地方？要是這十七個羅漢也一起歸我所有，那就更好了。」

真個是「人心不足蛇吞象」，哪還會不受困擾呢？

擁有許多錢財並不能使人感到更幸福。沒有任何一樣財富能和你起床時、腳踩在地板上展開新的愉悅的一天可相提並論。無須過於為金錢擔憂，充其量那也只是感覺舒服罷了！

有些人以擁有財富自豪。他們的自負從眼睛中就可以看出來。他們以炫耀銀行的存款為人生的新目標，讓他們根本不知道節制為何物。這些人「買」了新朋友便忘了老朋友！應該說，他們的老朋友寧願忘了曾有這樣的朋友。

有一個家庭，因為祖父留下一筆遺產，而使原本非常高尚的一家人變成金錢的怪物。家人之間的愛、扶持和溫柔，如煙般消散，一家人為了誰得了什麼、誰得了太多、還有誰

更該掌握這個家庭的「財政大權」，而大打出手。

這樣的情況真令人難過。他們都沒能看清生命中最重要的是什麼。他們的健康、婚姻、子女和未來，他們都因貪婪而敗壞。雖然坐擁黃金的滋味很好，但若是你排斥自己最親的人，一心只想擁有那些黃金，便會是件非常孤寂、悲哀的事。

以老子的思想為鏡子，我們可以看到今天的人們之所以沉浸在財富的追求和放縱感官追求的刺激之中，那是因為人們有過多貪婪外物的慾望。這樣的後果是，追求的財富越多，心靈越空虛，本性喪失得也越厲害，精神也越貧乏，生命表現也越少。

對外物的貪慾莫不使人喪失本性。小人犧牲自己去求財富，讀書人犧牲自己去求名聲，當官的犧牲自己為了家庭，極權者犧牲自己去求天下。這幾種人名聲各異，但其犧牲自己喪失本性卻是一樣的。

我們每個人都得小心控制自己希望金錢越多越好的慾望。我們得提醒自己，錢只是供你維持合理的生活水準而已；若在此之外，你還有多餘的錢，那也都只是「點心」，作為你努力工作的報償而已。

慾海難填，自我克制

老子原文：

「持而盈之，不如其已。揣而銳之，不可長保。金玉
滿堂，莫之能守。富貴而驕，自遺其咎。功遂身退，天之
道也。」

譯　解：

杯子中水滿了就會溢出來。打造的利器太鋒利，反而
容易折斷。滿屋的金銀財寶太多，反而容易被奪走。富貴
時驕奢淫逸，就是為自己留下禍患。功成名就，其身則
退，這是「天道」的方法。

一個已經裝滿水的杯子，肯定不能再往裡加水了，因為
再加水就會溢出來；一根完全拉展的橡皮筋，絕對不可以再
繼續拉，因為再拉就會崩斷。這種滿盈緊繃的道理，其實所
有的人都明白。但是我們一旦將這種現象與克制我們的慾望
聯繫起來，就不是每個人都能看清楚，想明白，做得到的了。

俗話說，慾海難填。為什麼？因為人心貪得無厭。

我們都見到過賭徒在賭場中的情景，贏錢的人固然開懷大笑，輸錢的人亦是頓足捶胸，但是不管是輸是贏，總之就是沒有誰願意輕易地離開。因為贏的人想贏得更多，輸的人想翻回本錢。最後贏的仍會輸光，輸的只會輸得更慘。

早在秦朝，宰相李斯可以說是聲名赫赫、不可一世。直到後來，他成了階下囚，走上刑場的時候，他對他的小兒子說：「我跟你還能夠牽著咱們那條卷尾巴的黃狗，穿過上蔡縣城的東門，到山上去追獵野兔嗎？」這正是一個「持之盈之」者，對於平靜恬淡的生活重新渴望的真實寫照。然而，此時才想到返璞歸真，為時晚矣！

《紅樓夢》這一部書，寫的就是一個金玉滿堂的大家族，從有到無、由滿至損的變化過程。

「千古一帝」秦始皇，橫掃六國一統江山，天下財富皆歸於他，如果按照老子的觀點，他應當「功成名遂身退」了。然而，這位始皇帝卻偏偏沒有滿足。為了滿足自己的奢欲，他在都城附近大興土木，修建阿房宮、驪山墓，所耗民夫竟達七十萬人以上。據記載，阿房宮的前殿東西寬達七百多公尺，南北差不多一百一十五公尺。殿門用磁石砌成，目的是防止來人帶兵器行刺秦始皇。除此以外，秦始皇單在咸陽周

圍就建宮殿二百七十多座,在關外的行宮竟有四百多座,關內有三百多座。

　　修建這樣龐大的工程當然需要大量的勞力、物力和財力。據估算,當時服兵役的人數遠遠超過二百萬人,占當時壯年男子人數的三分之一以上。龐大的工程開支加上龐大的軍費開支,造成了「男子力耕,不足糧飽,女子紡織,不足衣服,竭天下之資財以奉其政」的悲慘局面。真是民不聊生,百姓們過著「衣牛馬之衣,食犬口之食」的痛苦生活。最終,他的萬世皇帝夢只維持了短短的十五年。

　　從古至今,人莫不愛財慕富、貪愛榮華,可是有誰能夠把金銀珠寶永久地保存在自己手中呢?無論是權傾天下的王公貴族,或是君臨天下的帝王,都沒有能力做到。他們把自己與珠寶埋葬在一起,並設計了各種機關,以為這樣就可以永久享受。其結果卻是珍寶被偷盜一空,甚至屍骨也被棄之荒野。錢財權勢永遠是流轉的,它不會是某個人的私屬品,沒有誰能夠永久獨佔。如果我們的品行道德能夠與財富與權勢相得益彰的話,才能算是擁有天大的財富。

　　《老子》告誡我們,剛的反面是柔,唯有柔能夠克剛,強的反面是弱,唯有弱能夠勝強。所以他說,太滿就要溢,太尖就會斷。將滿的容器,就不要再添,已經很鋒利的銳器,

就不要再打磨。功遂身退，是最好的保護自己的辦法。這不是讓你遁世深山，而是讓你有了功不居功，有了名不恃名。任何時候，都不要失了你人的本性——大道的自然之性！

面對利與害，我們該怎麼做呢？《勸忍百箴》中講到利害時認為：「利是人們喜愛的，害是人們都畏懼的。利就像害的影子，形影不離，怎可以不躲避？貪求小利而忘了大害，就如同染上絕症難以治癒。毒酒裝滿酒杯，好飲酒的人難耐酒癮，這是因為他們只知道喝酒的痛快而不知其對腸胃的毒害。遺失在路上的金錢自有失主，愛錢的人將它占為己有而被抓進監牢，這是因為只知道看重金錢的取得而不知將受到關進監牢的羞辱。用羊引誘老虎，老虎貪求羊而落進獵人設下的陷阱；把誘餌扔給魚，魚貪餌食而忘了性命。」

人們大都喜歡名利，成名使人有成就感，精神振奮。得利能夠使人有滿足感，心情愉悅。在一般的情況下，人們也懼怕災難，災難令人感情痛苦，心智受到損害。所謂趨利避害是人的共同心理，無論是君子或是小人，在這一點上其實都是一樣的，只不過追求名利、逃避災害的方式不同罷了。愚蠢不知事理的人，總是被眼前微小的利益所迷惑，而忘記了其中可能隱藏的大災禍，只見利而不見害。

還須指出的是，有人認為老子是禁慾主義者，這種說法

是不正確的。老子的確主張「少私寡欲」，他要求「不見可欲，使民心不亂……使民無知無慾」。這是因為，老子認為「欲」是造成人身危害的根本原因，是引起社會紛爭、動亂的根本原因。

老子對統治者追逐聲色犬馬之樂尤為憤恨，因此他說：「朝甚除，……服文采，帶利劍，厭飲食，財貨有餘，是謂盜竽。」而與此相對照的則是：「田甚蕪，倉甚虛。」老子站在維護人民利益的立場上，對那些貪得無厭的人所造成的社會不公，是十分痛恨的。他追求一種人人得其溫飽的均平生活，嚮往人人都能「甘其食，美其服」的理想。可見，老子並非是禁慾主義者，而是對財富不足分配不均的社會及貪圖物慾的人的痛惜與抨擊，希望人們能明白擺脫貪圖物慾的享樂、追求自然而然快樂的道理。

理解這一點時，要求人們在慾望的滿足上要把握適「度」的原則。掌握「度」，是老子十分重視的原則。慾望的滿足如果突破了「度」的界限，必然會給自身和他人甚至整個社會帶來重大危害。

知足的人生

老子原文：

「罪莫大於可欲。好淫色也。禍莫大於不知足，咎莫大於欲得。故知足之足，常足（矣）。」

「知足不辱，知止不殆，可以長久。」

「知足者富。」

譯　解：

最大的罪過就是「可欲」，也就是不懂得有所節制，不懂得適可而止。最大的禍害就是「不知足」，最大的過失就是「欲得」，也就是得了還想得。所以，懂得「知足」，也就是懂得適可而止，這便是「知足之足」，這也可叫做「常足」，知道到了什麼地步就該滿足了的人，永遠是知足的人。

只有「知足」才不致遭辱，只有「知止」才不致遭害，一切才可以長久。

能知足的人就可以叫做「富」。

有一位美國作家說：知足是人生在世最大的幸事。知足的人不受辱，知道適可而止的人不會危殆，這樣才能長久安樂。知足是心理上的節制，知止是行為上的規範。如果我們知道了金錢最大的用處不過是保障自己和家人的生活，或者是還可以表現出自己的價值，明白了這一點之後，我們對金錢的追求也就能夠知足和知止了。

只有知道滿足，才不會遭到屈辱；只有知道適可而止，才不會面臨危殆；這樣，就可以長存安全。在老子的這句話中，「知足」，是心理上的節制；「知止」，是行為的節制。行為的節制，是由心理節制所形成的。因此，「知止」的前提是「知足」，「知足」是實現「知止」的關鍵。

老子把「知足」當作方法，而不是目的。「知足」決不是追求的目的，不是為「知足」而「知足」。「知足」的目的是「常足」，是為「常足」而「知足」。

這樣，老子在這裡又一次運用了「反者道之動」的哲理，「知足」這貌似「不足」轉化為「常足」了。

從老子的論述中可以看到，老子的「知足」決不是對現狀的滿足而不再求進取。而是在「求」、「取」的速度、目標上，不可貪心不足，要適可而止。「知足」，指的是當前的，階段性的目標，而不是從長遠發展、戰略高度上來講的，

只有前者的「知足」，才能保證後者的實現。從這個角度來說，當前的「知足」，正是為了實現長遠的「不知足」。由此可知，老子的「知足」決不是消極的，而是積極的。

　　一個生長在豪富權貴之家的人，豐富的物質享受，會令人養成各種不良嗜好和喜歡作威作福的個性，但不好的嗜好對人的危害有如烈火，專權弄勢的脾氣對心性的腐蝕有如烈焰，假如不及時給一點清涼的冷泉來緩和一下他強烈的慾望，那猛烈的慾火雖然不致使人粉身碎骨，但終將會讓心火自焚自毀。

　　一個貪得無厭的人，給他金銀他還怨恨沒有得到珠寶，封他侯爵他還怨恨沒封公爵，這種人雖然身居豪富權貴之位卻等於自願淪為乞丐；一個自知滿足的人，即使吃粗食野菜也比吃山珍海味還要香甜，穿粗布棉袍也比穿狐襖貂裘還要溫暖，這種人雖然身為平民，但實際上卻比王公還要高貴。

　　老子認為，知道滿足就是富有。因為知足就不覺得還缺什麼，而覺得不欠缺什麼就是富裕。我國古代有個隱士叫榮啟期，窮得到已經高齡九十歲了都還沒有一條腰帶，只能用野麻搓一條繩子繫腰，但他從容瀟灑地彈琴。孔子的學生原憲的衣服補丁摞補丁，腳上的鞋也是前後穿了窟窿，可他仍然悠閒地唱歌。古希臘哲學家拉爾修，他經常是微笑一直掛在臉上，完全沒有什麼享受的慾望，當他看見一個小孩在河

邊用雙手捧水喝，喝得幸福滿足的樣子，他乾脆把自己僅有的一個飯碗也扔掉了。

不去欲就不會知足，一個過於貪婪的人永不會滿足，時時處在渴求和痛苦之中，腰纏萬貫的富翁可能還是若有所失，僅能免於饑寒的人也可能覺得樣樣不缺。從心理感受來說，真富有不一定要錢多，只要知足就綽然富裕了。

隨著經濟的發展，人的生活水準在不斷的提高，但人的幸福感並沒有增加，相反，由於對物質生活慾望的不斷膨脹，人的焦慮和不知足增加了。其實，人的幸福感與他的慾望多少是成反比的，慾望越多，幸福感就越低，慾望越少，幸福感就越強。就像看黃昏的夕陽，古代人看起來和現代人看起來是一樣的，站在平地看和站在山頂看，夕陽都同樣的美。但是如果心情複雜，這山望著那山高，夕陽永遠沒有最美的時刻。所以，生活的富有和幸福並不單純取決於人所處的環境和地位，也不僅取決於人所能享有的物質享受，它更在於人的內心是怎樣看待這些事物，真正的富有和幸福不是由外在事物來決定的，而是由你內心的人生觀、價值觀所決定的，對一個懂得「知足」的人來說，不論他處於順境還是逆境，他都是富有的，因為他對生活從來沒有奢求，永遠對生活知足、滿足，所以永遠是富有的。

學會享受自己的生活

老子原文：

「絕學，無憂。唯之與阿，相去幾何？善之與惡，相去若何？人之所畏，不可不畏。荒兮其未央哉！眾人熙熙，如享太牢，如春登台。我獨泊兮其未兆，如嬰兒之未孩。乘乘兮若無所歸。眾人皆有餘，而我獨若遺。我愚人之心也哉，沌沌兮！俗人昭昭，我獨若昏。俗人察察，我獨悶悶。忽兮若海，漂兮若無所止。眾人皆有以，而我獨頑，似鄙。我獨異於人，而貴食母。」

譯　解：

斷絕智巧的心思，反而使人沒有分別計較的憂愁。則可以免除世俗之憂，也就是與世俗的「憂」隔絕開來。誰能弄清楚唯諾與呵斥有多少差別？誰能弄清楚善與惡有多少差別？人們所畏懼的，不能不畏懼。這風氣從遠古以來就是如此，好像沒有盡頭的樣子。眾人都熙熙攘攘、興高采烈，如同去參加盛大的宴席，如同春天裡登台眺望美景。

而我卻獨自淡泊寧靜，無動於衷。混混沌沌啊，如同嬰兒還不會發出嬉笑聲。疲倦閒散啊，好像浪子還沒有歸宿。眾人都有所剩餘，而我卻像什麼也不足。我如同一個蠢人一般，看起來有點傻乎乎的。世俗之人好像個個能幹，我卻好像頭昏腦悶，世俗之人好像個個精明，我卻好像懵裡懵懂。世俗生活，如無垠的海洋般變化萬端，如倏忽的飄風般毫無止境。人人都好像有了目標，而我卻有點頑固，對這些目標不以為意。為什麼我顯得那麼不同於眾人？關鍵在於我得到了「道」。

　　老子的這段話啓示我們，在生活中要學會享受自己的生活，不要盲目地去隨波逐流。生命的存在有無數種形式，人生觀並非只有一種。有的人，別人看著羨慕，自己卻頗感不足；有的人，自己活得坦然，別人看著彆扭；有的人，窮竭一生追名逐利；安於現狀淡泊名利者更大有人在。正是這些不同的人生觀構成了多姿多彩的世界，使人們的生活更加精彩。

　　在主觀上，人人都有選擇自己人生觀的權力，這基於各人的不同觀點。但其中也有客觀因素的影響。且不說數不清的千年古訓在人們心裡已根深蒂固，恐怕最具影響的還是現

實社會的種種形勢。不可否認，位高權重者的一呼百應，腰纏萬貫者的一擲千金，委實叫人羨慕和嚮往。可在全世界六十億人口中，這些「幸運者」究竟佔有多大的比例呢？恐怕還是平凡的人比較多吧！人們常說「人比人氣死人」，雖然這是人們對自己生活現狀的一種消極的無奈的不滿，但這就是現實，這就是生活。

假如你是一個平凡的人，也許你曾經羨慕過某人的官宦仕途，嚮往那種被人尊敬的優越感，但你是否想過，被人尊敬的是這個位置還是他的德能？倘是前者，那麼這種尊敬就是虛假的，被尊敬的是「官位」而不是人，你還會有這種羨慕嗎？也許你曾經仰視那些位高權重的人物，但當你想到他卸卻「官袍」、摘掉烏紗帽後的失落、抑鬱、不知所措和尷尬的不自然的假笑，你還會對他有崇敬之心嗎？也許你曾崇拜「首富」們揮金如土的「瀟灑」，但當你發現他們為了那永遠賺不完的錢或窮於談判、或爾虞我詐，成為錢的奴隸時，你還會崇拜他們嗎？不需羨慕別人，不需看低自己，不需刻意去強求，按自己的意願走自己該走的路，才是最充實、最快樂、最幸福的。

想通了這個道理，就大可不必為自己沒有擁有「官位」而失望，也不必為自己沒有成為「首富」而懊惱，因為人人

都有自己的活法，或許，你在羨慕他們的同時，他也在羨慕一種無拘無束、無憂無慮、沒有壓力的生活呢！生活之幸福在於人的理解，關鍵是你自己怎樣去詮釋。人人都有自己的生活軌跡，關鍵是要使它更有意義。

世上的芸芸眾生，沒有固定的生活模式，如果為了某種目的用一種模式來框定自己，你就會失去自我，失去生活固有的樂趣，即使你成功了也不會感到成功的快樂。人的一生，要去學會享受生命，不要拖著生命急匆匆地趕路，就會活得輕鬆；別去在乎是否有人欣賞，別讓自己活在別人的陰影之中，就會活得坦然；不求全、不勉強自己、不介意時代的臉色，就會活得更有意義。

另一方面，從這段話中我們還可以得到啟示：讀書治學要做到靜心、淨心。所謂靜心，並非完全是指清幽靜謐的環境，而主要是指能排除雜念，沉湎於書的境界之中，具備這種心境的人，儘管是在嘈雜干擾之境，仍然聽而不亂，視而不見，吮吸著知識的甘露。達到淨心，則是抱著純潔之心，剔除各種世俗的、浮躁的見解，為著文明的進化，為著真善美的求索，癡心地攻讀和研究。

錢鍾書就是在他的「孤獨」境遇下，培養出了生命的韌勁。這種韌勁使他能抗衡住各種各樣的壓力，經過「九蒸九

焙的改造」。在「政治神學化」的年代，仍然保有他的一顆求真、向善、愛美的靈魂。那些世人熱衷營求的東西，他都淡然處之，始終保持住童真和癡氣，安安心心做著學問。

人生得意是清淡。甘於淡泊，是有助於成功的心理素質。對功名利祿，看得平淡些，不爲之傾心，爲其左右。你就能有獨立思考、獨立創造的自由，就能排除干擾而專心朝著自己的目標去耕耘。可見淡泊方可明志，清淡才有作爲，是老子的一貫主張。

若經常保持心靈的一份寧靜，這實際上是身體健康、精神狀態良好的表現。

追求心靈寧靜的人，對身外之物，不思鑽營，將名利、地位、財富、物慾等看得很輕，不屑於招搖張揚，這是一種睿智的表現。一個人對名勢的追逐越少，心靈能到達的地方就越多。對物慾的貪求越薄，靈魂能周旋的舞台就越開闊。

失落很快就會過去

老子原文：

「飄風不終朝，驟雨不終日。孰為此者？天地。天地
尚不能久，而況於人乎？」

譯　解：

狂風難吹上半天，驟雨難維持整日；誰造成的狂風驟
雨？天地。天地做事尚不能持久，更何況人呢？

　　老子的這段話對我們的生活具有多方面的啟示作用。當
我們遇到挫折和情緒低落的時候，要能夠意識到，我們不可
能常駐某種心境，失落很快就會過去的。

　　一位女作家應邀去美國訪問，下榻紐約的第二天，她來
到街頭，遇著一位賣花的老太太。這位老太太穿著相當破舊，
身體看起來又很虛弱，但臉上充滿著喜悅。女作家受到感染，
感動之下挑了一朵花。

　　「你看起來很高興！」女作家道。

「為什麼不呢？一切都這麼美好。」

老太太的回答令女作家回味不已。

「耶穌在星期五被釘在十字架上的時候，那是全世界最糟糕的一天，可三天後就是復活節。所以，當我遇到不幸時，就會等待三天，一切就恢復正常了。」

等待三天，這是一顆多麼普通而又不平凡的心！

在生活中，世界不同民族的很多人都在不知不覺中感悟到了這種智慧。

有人問一個老年人，為什麼在承受了這麼多不幸時還能如此快樂。「我讀過所有《聖經》中戰勝不幸的辦法，我也注意到這些辦法中經常提到：『不幸終究會過去，沒有任何地方說過不幸會一直停留而不離去。』」這是多麼樂觀的見解！

《聖經》裡寫了這樣一句話：「這也是可以過去的。」這告訴我們，不論在什麼情況下，都要心存樂觀，預見到前面的光明前途，千萬不可輕易灰心和放棄。當然，這做起來並不容易。

當使用「人無百日好，花無千日紅」這句成語時，我們就會想到什麼不幸的事情就要發生了，而且經常是後來不幸事件果然發生了。就好像我們的期盼創造了這一不幸結果似的。在我們認為自己太走運的時候，消極的思想和焦躁的情

緒會使我們懼怕某些不幸的來臨。有些人在事情順利的時候反而會感到一種莫名其妙的不安。因為在我們的頭腦裡，似乎認為太順利的事情一定不會長久。而更加不幸的是：在順利的時候沒有盡情地享受由順利帶來的快樂，而一旦不幸真的來臨了，他們又會覺得不幸比原來料想中的還要嚴重得多。

　　這種消極的思想實際上是可以轉化的。不管事情有多麼的糟，只要我們把它們認定為它只是暫時的那就會好得多。這時，我們可以借用《聖經》裡的這句話：「這也是可以過去的。」過多地去想壞的事情，壞的事情就會沒有個終結，而且還會讓人覺得它會變得越來越壞。而實際上事情本身並不是這樣。

　　相反的，事情總是會向好的方面轉化的。而且你越是將其向好的方面想像，並不斷地將積極思想裝進自己的頭腦裡，也許事情向好的方面轉化的速度就會更快些。

　　世界上沒有真正的不幸和煩惱，只有真正的幸福和愉悅。幸福和愉悅的人，是用歌聲裹著淚水；不幸和煩惱的人，是用淚水浸泡著歌聲。

　　一切的一切，全在於自己的意念。我們既可以癡望曇花，感歎：「人生苦短，一閃即逝」；也可以吸著梅香鼓勵自己：「冬天來了，春天還會遠嗎？」

把壞情緒遏制在萌芽狀態

老子原文：

「其安易持，其未兆易謀，其脆易泮，其微易散。為之於未有，治之於未亂。」

譯　解：

　　局勢穩定的時候，保持其穩定的局面是比較容易的，相反，局勢混亂時，要使局面由亂轉為穩定，就困難得多；事物尚未呈現變化兆頭的時候，就容易對付，相反，事物如處於急速變化之中，就比較難以適應、對付；問題很脆弱的時候，很容易把它打碎、分化；問題很微小的時候，很容易把它消除，相反，當問題積累成老、大、難時，就難以解決。因此，處理事故、解決問題，最好是在事故、問題尚未發生的時候，預先加以處理；治亂，要在變亂發生之前就要做好預防。

任何事物都有一個發生、發展的過程，事故、問題也不例外。而當事故、問題未發生時，或剛發生的初期，加以預防或整治，是比較容易的，也是比較容易收到成效的。

這就是老子所說的「其安易持，其未兆易謀，其脆易泮，其微易散」的本意，也是解決事故、問題的客觀規律。相反，如果違反這一規律，對事故、問題，不是「防患於未然」，而待它們發展成大事故、大問題時才去動手解決，那就十分棘手，而且往往是吃力又不討好。

鑒於這樣的認識，老子特別強調指出：「爲之於未有，治之於未亂」。這是生活中解決事故、問題所必須遵循的基本準則，也是我們處理不良情緒，保持愉快心境的一個重要法寶。

在生活中，你消極、無安全感的思維是非常容易迅速地失控的。你是否曾注意到，當你捲入惡劣的思緒之中時，你感到的是何等的緊張不安？並且，爲了結束這一思緒，你就越全神貫注地陷於使你心煩意亂的事情細節之中，而你的感覺就越糟。由一個想法引出另一個想法，然後又一個，直到達到一定程度，你將變得令人難以置信地焦慮不安。

例如，你也許會半夜醒來並記起第二天需要打的一個電話。然後，你不是因記起這樣一個重要電話而感到安慰，而

是開始想起明天將不得不做的其他事來。你開始反覆思考可能同老闆的談話，從而使你自己變得更加不安。

很快，你自己就會想：「真無法相信我是多麼的繁忙。我每天必須打五十通電話。到底還有誰的生活會是這樣的呢？」如此繼續下去，直到你為自己感到悲哀。對許多人來說，這種「思緒發作」會持續一段很長的時間，甚至是無止境的。

許多人的許多個日日夜夜都是在這種類型的大腦演繹中度過的。不用說，滿腦子憂慮和煩惱的你是不可能感到心平氣和的。

解決的辦法是在你的思緒有機會發作之前，去留意你的大腦中在發生些什麼。你越早約束住由你自己建立起來的胡思亂想的行為，這一行為便越易停止。

在我們的這個例子中，你也許會在開始時在列出第二天做事清單前便注意到思緒的雪球，然後，你不是憂慮即將到來的一天，而是對自己說：「哎！我又犯老毛病了。」並有意識地將它消滅於萌芽之中。你在思緒的長龍形成之前阻止它。

然後，你不是專注於感傷情緒，而是因想起那個需要打的電話而感到慶幸。如果這是在半夜，可以先將它寫在一張

紙上後繼續睡覺。你甚至可以考慮放一支筆、一張紙在床邊，
以備此種情況的發生。

　　把壞情緒控制在萌芽狀態，不但能夠有效地避免對你的
不良影響，而且施行起來還非常容易，這就是老子所說的：
「治之於未亂」，「其安易持」。

第 四 章

《老子》的領導方略

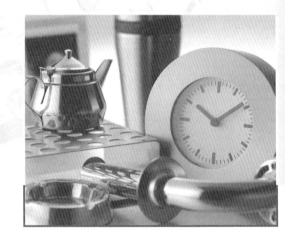

如果仔細閱讀《老子》一書，就會發現其中對天道的重視和推崇，對歷史及禮制的熟悉和瞭解，辨證的思維方式以及以侯王為主要的說話對像，全書中都充滿著「推天道，以明人事」的味道。在很大程度上可以說，老子是統治術或者統治方法之父。

　　也許有人會問，如果《老子》是寫給統治者、寫給「領導」看的，那我們普通人看有什麼用呢？對於青少年來說，學習領導方略有什麼實際意義呢？

　　實際上，每個人，每個孩子學習和瞭解一些領導方略都是有好處、也是有必要的。從某種角度上來說，我們每個人在生活中都會想尋找「領導」的感覺，也都會部分地擁有「領導」的感覺，畢竟我們都可能成為某個小團體的「頭頭」，每個孩子都可能成為小夥伴中的「首領」，從這個意義上來說，適合於真正領導者的老子的領導智慧同樣也適合於每一個人。

　　在老子看來，應該怎樣當好領導呢？

　　他首先主張採取一種節制的態度，尤其是對權力的節制。有權力的人總是有一種使用權力征服他人的衝動，以一種高高在上的姿態，任意地支使著在下的人們。這顯然不是「無為」，「無為」的體現是「生而不有，為而不恃，長而不宰」，創造而不擁有，成功而不驕傲，領導而不主宰。

治大國若烹小鮮

老子原文：

「治大國，若烹小鮮，以道蒞天下，其鬼不神。非其鬼不神，其神不傷人。非其神不傷人，聖人亦不傷人。夫兩不相傷，故德交歸焉。」

譯　解：

治理大國，好像煎烹小魚，不要頻繁翻動導致破碎，要注意掌握火候。用「道」治理天下，鬼神起不了作用，不僅鬼神不起作用，而且鬼神的作用傷不了人。不但鬼神的作用傷害不了人，聖人有道也不會傷害人。這樣，鬼神和有道的聖人都不傷害人，所以，就可以讓人民享受到德的恩澤。

　　這段話講述的就是道家的治國理念。「治大國，若烹小鮮」，已被載入一九八七年美國政府的《國情咨文》中。世界第一強國也認識到了這一思想的重要性。那麼，這一思想

的妙處在哪裡？

「小鮮」就是小魚、小蝦。小魚、小蝦要怎麼做呢？拿一個盤子，放一點油，不要多了，把小魚、小蝦放在裡面，弄點小火慢慢烤，烤焦了以後翻個面再烤，烤到酥得骨頭都能吃。如果是小魚、小蝦在鍋裡面，你就不能拿個鍋鏟不停地炒，否則最後會成什麼了？會成碎肉渣子。所以，老子說，治理一個大國，就像做小魚、小蝦一樣，不要折騰，安安靜靜地讓它慢慢地往前走。

國家的法令更換了，利害情況也隨之改變，因而民眾從事的事情也跟著變化，其工作也要變動，這必然造成耗費與混亂。領導大眾卻又不斷擾動他們，就必然不能成功。烹小魚而不斷翻動，翻得越勤碎得越厲害；治大國而朝令夕改，那老百姓就不堪其苦。

據史料記載，崔瞿曾問老子：「不治理天下，怎麼能使人心向善呢？」

老子說：「小心別擾亂人心就是了。最難對付的是人心。讓民心自然變化，否則或急躁或消沉，不利於社會的發展和政局的穩定。

「從前皇帝就用什麼『仁義』去擾亂人心，要以仁政來供養天下的生靈，想出各種花招來滿足天下人的慾望，愁勞

心思去施行仁義，苦費心思去規定法理，而且還不能討好人心，就又把他的大臣一個個流放，重新換一批人來治國，照樣沒有把國家治好。盜賊遍天下，奸臣滿朝廷，社會上各學派爭論得相持不下，人們相互猜忌、愚弄、相互嘲笑，好人與壞人相互指責，天下的風氣一天比一天壞。這全是妄為攪亂了人們的心性，天下都崇尚權謀，百姓必然發生糾紛，再下來只有用武力來制裁，用典章制度來約束，用刑罰來懲處。

「治理大國清淨無擾，只有社會不動盪才會有太平。」

「治大國若烹小鮮」的妙處在於使民用心生產生活，避免勞民傷財的無謂內耗。而其之所以妙，是因為合乎「道」，合乎自然發展的規律。

以「無為」的方式去處理

老子原文：

「太上，下知有之；其次，親而譽之；其次，畏之；其次，侮之。信不足焉，有不信焉。悠兮其貴言。功成、事遂，百姓皆謂：『我自然』。」

譯　解：

最好的統治者，人民並不知道他的存在；稍差的統治者，人民親近他並且稱讚他；很差的統治者，人民畏懼他；最差的統治者，人民輕蔑他。統治者的誠信不足，人民才不相信他，最好的統治者是多麼悠閒。他很少發號施令，事情辦成功了，老百姓說「我們本來就是這樣的。」

老子把君主、領導者、管理者分成四個等級。「太上」，是指最上等、最理想的領導者。這類領導者，以「無為」方式處理，按客觀規律辦事，一切順應「自然」，使下屬各順其性，各安其生。所以，下屬、百姓僅僅知道有這麼一個領

導者罷了。次一等的領導者，用德教去感化下屬，用仁義去治理下屬。這種領導者，顯然是指推行儒家德治教化管理路線的管理者。這種領導者，人人親近他，讚譽他。再次一等的領導者，用政令去治理下屬，用刑法威嚇下屬。此類領導者，老子十分明顯地是指推行法家法治管理路線的管理者。這種領導者，下屬都畏懼他。最末等的領導者，是用權術、陰謀去愚弄下屬，用詭計去欺騙下屬。對這種領導者，下屬都厭惡他，反抗他。這種領導者，自身不講誠信，下屬當然不會相信他。老子說，最上等的領導者，順其自然，因此管理的具體事情不會太多。由於順乎規律，所以政令必然穩定。因此，他們每天悠悠閒閒，很少發號施令。在這種領導者的管理下，等到功業完成了，下屬並不強烈地意識到這是領導者的功勞，反而會說：我們本來就是這樣的，是我們自然如此的啊！

在這段論述中，老子首先為我們作了一個價值判斷：在管理問題上，狡詐不如法治，法治不如德治，德治不如無為而治，最理想的管理模式是按客觀規律去「自然無為」。這個結論，這個價值判斷，是發人深省的。在今日世界管理舞台上，中國古代的法治和德治兩種管理路線的概念似乎不盛行了，但當今的各種管理思想、模式，幾乎都能歸納於這兩

種模式之中。比如：以泰勒為代表的科學管理和各種「強硬
管理」，可以納入法家法治管理的模式，在本質上是相同、
相通的。又如：企業文化，可以納入儒家德治管理路線之中，
它們在本質上，甚至在一些具體管理手段上，都十分相像。
科學管理，在世界管理舞台上早已受到衝擊，認為不是理想
的管理模式。這一點，與老子的結論是一致的。而企業文化，
是當今最新的管理思潮，是目前多數管理界認為理想的管理
模式。然而，如果用老子的觀點去分析，那麼，它雖優於科
學管理，但不是最理想的。它比之「自然無為」，尚差一等。
其實，老子講的是有道理的。企業文化，如果不按客觀規律
去規劃，去建設，是難以建成的，建成了也難以起到預期的
效果。所以，老子的這一結論，這一價值判斷，對今日管理
界，的確是很發人深省的，極有現實意義。

做到了無為，實際上也就是有大為

老子原文：

「道常無為而無不為。侯王若能守之，萬物將自化。化而欲作，吾將鎮之以無名之樸，鎮之以無名之樸，夫將不欲。不欲以靜，天下將自正。」

譯解：

道永遠是順任自然而無所作為的，卻又沒有什麼事情不是它所作為的。侯王如果能按照「道」的原則為政治民，萬事萬物就會自我化育、自生自滅而得以充分發展。自生自長而產生貪欲時，我就要用「道」來鎮住它。用「道」的真樸來鎮服它，就不會產生貪慾之心了，萬事萬物沒有貪慾之心了，天下便自然而然達到穩定、安寧。

老子的這些言論，強調的就是，為官者要無為而治。做到了無為，實際上也就是有為。不僅是有為，而且是有大為。

　　無爲而治，是老子謀略的主體。老子認爲，要成大事，必須大智若愚，大勇若怯。施智用謀的上策是給對方以無爲、無知、無能的印象，才能達到有爲有治的目的。

　　老子所處的時代天下大亂，諸侯混戰，統治者橫徵暴斂，胡作非爲，老百姓在飢餓和死亡的邊緣掙扎，民不聊生。老子懷著對統治者的憎恨和對人民的同情，針對統治者的「有爲」而提出「無爲」的主張。

　　所謂「有爲」就是指統治者強作妄爲，貪求無厭，肆意放縱，違背自然規律、社會規律。萬事萬物都有自身的生存規律，該規律就是和諧、理解、支持、幫助。當時老百姓在沉重的稅賦重壓下，困苦不堪。老子看到「有爲」的禍害已經是非常嚴重的了。他說：「民之饑，以其上食稅之多，是以饑。民之難治，以其上之有爲，是以難治」（老百姓飢寒交迫，是因爲統治者的苛捐雜稅太多。老百姓的災難不斷，是因爲統治者妄自作爲，違背規律）。老子對當時統治者不顧人民死活、過著越來越奢侈的生活提出批判。他說：「朝甚除，田甚蕪，倉甚虛，服文采，帶利劍，厭飲食，財貨有餘，是謂盜誇。」這幾句話，道盡了「朱門酒肉臭，路有凍死骨」的人間不平！統治者侵公肥私，過著奢華的生活，穿的是名貴服裝，帶的是寶刀利劍，山珍海味都吃厭了，錢財

貨物堆積如山，而農民卻田園荒蕪，倉庫空虛，家無隔夜之糧。這種情形，老子看在眼裡，怎麼能不感歎呢？無怪乎他要氣憤地罵一句：「這簡直就是強盜頭子！」

老子看到當時的統治者本是無德無能的，卻偏要好大喜功，妄自作爲，結果使老百姓疲於奔命，勞民傷財，造成人民的災難。在這種情形下，老子極力呼籲統治者爲政要「無爲」，實行「無爲而治」，不要過多地干涉老百姓。他說：「我無爲而民自化，我好靜而民自正，我無事而民自富，我無慾而民自樸。」

「好靜」是針對統治者的騷擾而提出的；「無事」是針對統治者的苛政而提出的；「無欲」是針對統治者的貪慾而提出的。老子認爲，爲政者應當能做到「無爲而治」，有管理而不干涉，有君主而不壓迫；君主應學水的本色，有功不自居，過著勤儉的生活，日理萬機不貪享受，治國能順應社會規律、時代潮流，制定利國、利衆生的憲政；一旦制定頒布，就不輕易改動，讓萬民在頒布的憲政下自化。老子說：治大國若烹小鮮，就是這個意思。讓人民自我發展，自我完善，那麼，人民就能夠安平富足，社會自然能夠和諧安穩。

以「無爲」方式來治國，並不是無所作爲。治國者要瞭解社會需要什麼？人民急需解決什麼？人民盼望什麼？要清

醒地認識世界潮流和歷史發展的趨勢，根據自己國家的情況，制定出相應的措施，這就是法律、制度、政策。制定之後，治國者要自己帶頭執行，先正己而後正人。政令法律要有一貫性，不能朝令夕改，隨心所欲，否則老百姓就無所適從。以「無爲」方式來治國，治國者應該以德爲本，以刑爲末。施行刑罰只能是罪惡造成之後用以治標，在罪惡萌發之前應該用德教去治本，用仁政教化於民。用「無爲」的眼光來看，治國如治流水，重在疏導，而不是堵截，這樣，順應民心民情，國家沒有治理不好的。這些思想，在今天仍有借鑒意義。

縱觀《老子》全書，老子所講的「無」，其主旨並非是教育人以無所事事，實際是「爲」而示之「不爲」，「能」而示之「不能」，「取」而示之「不取」。

《莊子》中有一段陽子臣與老子的問答。有一次陽子臣問：「假如有一個人，同時具有果斷敏捷的行動與深入透徹的洞察力，並且勤於學道，這樣就可以稱爲理想的官吏了吧？老子搖搖頭，回答說：「這樣的人只不過像個小官吏罷了！只有有限的才能卻反被才能所累，結果使自己身心俱乏。如同虎豹因身上美麗的斑紋才招致獵人的捕殺；猴子因身體靈活，獵狗因擅長獵物，所以才被人抓去，用繩子給捆起來。有了優點反而招致災禍，這樣的人能說是理想的官吏嗎？」

陽子臣又問：「那麼，請問理想的官吏是怎樣的呢？」老子回答：「一個理想的官員功德普及眾人，但在眾人眼裡一切功德都與他無關；其教化惠及周圍事物，但人們卻絲毫感覺不到他的教化。當他治理天下時不會留下任何施政的痕跡，但萬物各具有潛移默化的影響力。」這才是老子「無為而治」的至理名言。

中國古代傳說中最聖明的皇帝是堯和舜。所以「堯舜之世」被中國人當作太平盛世的代稱。堯帝認為當政的人應該「無為而治」，換句話說，就是帝王要無所作為，放任百姓依著自然生態之道，得到幸福健康的生活。只要天下安康太平，盜賊和作奸犯科的事就自然會平息下去。所以為官當政者雖是無為，但實際上卻收到「無不為」的效果。

老子的「為無為」，對管理來說，是一份十分珍貴的財富。對此，那些深通管理哲理的管理者無不敬服，且把它作為管理的基本指導思想。

日本經營之神松下幸之助可說是這個問題的典型。他在生前曾多次講：

「雖然人類有作為王者的力量，但唯有在適合自然的法理時，才能發揮力量而君臨天下。如果違背自然的法理去做，王者就會變成暴君，而不能發揮威力。所以為了行王者之道，

就必須服從自然的法理」；「凡是經營者，都必須根據天地
之間的自然法理活動，這並不是什麼困難的道理，就如同下
雨撐傘一樣簡單」；「倘使人類以其微小的聰明才智去思考
問題，依照自己所想的膚淺方法去處理事務，違背了天地自
然的道理，其失敗與挫折乃是意料中的事。因此，人類雖然
應該運用智慧去行事，但仍然需要遵照超越人類智慧的偉大
的天地自然法則與道德去經營，才是獲得成功的保證」。正
是松下幸之助先生對老子「無為」的執著，才有了松下企業
精神中的「順應同化精神」。

　　所謂「順應同化精神」，其內涵是：「公司發展壯大，
必須順應自然規律，想人為改變社會發展趨勢是不會成功
的」。也就是說，「順應同化」就是順應客觀規律。把順應
規律提升為企業精神，可見松下幸之助先生對「無為」的重
視程度了。正由此，當人們問及松下幸之助先生一生成功的
秘訣時，他會毫不猶豫地回答：「在於順應自然法則。」

　　無為不是叫領導者完全撒手不管的意思。它必須有兩個
先決條件。第一是制度的運行和個人禮義修養有很高的水準，
第二是百姓的衣食住都必須充裕供應，不虞匱乏。唯有天下
一家的制度能自然運動，同時個人修養又有很高的水準，放
任才不會變成放縱。同時百姓日常所需有了充分供應，人們

才不會被生活所逼，做出互相殘殺或以下犯上的事。

　　為了當個「無為」之官，提高個人修養，滿足下屬正當請求，這些都是為官者在放任無為之前，須先預作策劃的，否則無為不但不能成為「無不為」，反而變成天下禍亂、烏紗不保的根源，這是身負政治重任的為官者所必須注意的。

　　「無為而民自化，好靜而民自正」。

　　老子所提倡的「無為」與「清靜」有三個方面的內容：

　　第一，不要實行令下屬負擔很重的任務；

　　第二，應該盡量少施行命令或指示；

　　第三，對下屬的各種活動盡量避免介入或干涉。

　　那麼，這是不是說為官者對一切都不管，而無所事事呢？事實絕非如此。聰明的官吏要隨時留心下屬的動向。但是若因此而口出怨言或是牢騷滿腹、自歎倒霉，那麼這樣的官吏並不稱職。因為無論工作多麼辛苦，都是自己應負的一種責任，所以表面上不顯出痛苦的樣子，而要以悠閒自在的精神狀態面對下屬。就像鴨子若無其事、輕鬆自如地劃過水面一樣自然。

　　「無為而治」的更深一層意思是為官當政者要懂得分離職權，為下屬創造一個寬鬆環境。

　　如果官吏事必躬親，連細枝末節、雞毛蒜皮的小事都要

過問、干涉，不但會打擊下屬士氣，而且自己也會累得招架不住。

身為領導者，為下屬創造一個舒適輕鬆的工作環境是他的責任。日常的工作要交給其他人去辦，將職權分離出去。如此一來，自己才會騰出精力構思經營大計。大權獨攬，事必躬親的官吏，是不會坐穩官位的。

其實，「無為而治」的精髓只是人力本身的「無所作為」，但制度本身則運行不違。嚴明法紀，制度嚴明，自然下屬的注意力就轉移到這些形式上的條文中，而不是為官者身上，為官之人隱藏於制度之後，以制度之「有為」行自身之「無為」，這才是真正聰明的官吏精妙的為官之道。

這樣一來，下屬們就會自然而然地遵紀守法，而自己便也落得個渾身輕鬆。下屬犯了錯誤，也只會怪自己觸犯了制度，絕不會遷怒於為官之人。所以，所謂「有為」向「無為」的轉化，實際上是人治向法治的轉化。

先抓大局，再看細節

「樸散則為器，聖人用之，則為官長。故大制不割。」

譯　解：

樸素本初的東西經製作而成器物，有道的人沿用真樸，則為百官之長。聖人拿起這個「器」來用，把它作為治理和衡量一切的準則。用整體的觀念來處理「器」就是「大制」。「大制」就是不再作分割，就是宇宙整體。

「大制不割」這句話，從不同的角度，可有不同的理解。如果我們從管理的角度來理解，老子這句話的含義是：好的管理，追求的是大局、全局、整體，而不是被割裂開來的某些局部、枝節。

「大制不割」，用今天的語彙來講，就是管理工作者要樹立系統觀念，樹立局部服從整體的觀念。應該說，它是十分正確的，也是符合現代管理潮流的。當然在二千多年前，

不可能產生系統理論，老子也不可能明確提出系統觀念。然而，能在如此久遠的年代，提出有系統觀念內涵的論斷，應該說是十分難能可貴的。

在管理中，抓住主要矛盾，不被表面的東西和枝微末節所干擾，才可能深入把握事物的本質特點，做出準確的判斷。如果在某些非本質的方面投入精力過多，就可能顧此失彼，得出錯誤的結論。下面的這個故事就從一個側面反映了這一問題。有一天，秦穆公對相馬專家伯樂說：「您年歲已經大了，您的親屬中有沒有人能接替您來識別千里馬的呢？」

伯樂回答：「識別一般的好馬，這並不難。只要從體型、外貌、筋肉、骨架這幾個方面就可以辨別出來。最難的是識別天下無雙的千里馬，那要從內在的氣質上分辨，而這種氣質是若隱若現、若無若有的，一般人觀察不到。我那幾個兒子都是庸才，他們只能識別一般的好馬。我有個朋友叫九方皋，靠挑擔賣柴為生。他的相馬本領不在我之下，我願意推薦給君王。」

秦穆公就把九方皋請來，讓他出去尋訪天下無雙的寶馬。

過了三個月，九方皋回來報告：「您要的寶馬已經找到了。」

秦穆公問：「是什麼顏色的馬？公的還是母的？」

九方皋想了一下回答說：「我印象中是一匹黃色的母馬。」

秦穆公聽他回答得不肯定，心中就浮起一團疑雲，便派人去把馬牽回來。去的人回報說：「是一匹黑色的公馬。」

秦穆公很不高興。他把伯樂找來，埋怨他說：「你真糟糕透了！你推薦的那個九方皋連馬匹的顏色是黃是黑，馬匹的性別是公是母都分不清楚，怎麼能稱為相馬專家呢？」

伯樂聽了卻連連讚歎：「了不起啊，真了不起啊！您說的這些情況，正足以證明九方皋的相馬技術比我還高明。他觀察馬，已經能夠排除外部特徵的干擾，集中精力去深入觀察馬的氣質和神韻了。他取其精而忘其粗，重其內而忘其外。他注意的只是他需要觀察的東西，他忽略的正是他不需要觀察的東西。這樣的相馬技術實在是難能可貴啊！」

馬牽來後，經過試騎，果然是一匹天下無雙的千里寶馬。

這個故事對管理者的啟示是非常深刻的。在一個管理系統中，局部要服從整體。企業決策，要以整體效益為目標。企業管理，必須先抓大局，再看細節；先抓整體，再顧局部。管理工作決不可只從局部的、暫時的利益出發，也不能就事論事地做出反應，而必須從企業整體的、長期的利益出發，用系統的觀念做出合理的反應。

知人者智，自知者明

老子原文：

「知人者智，自知者明。」

譯　解：

　　能瞭解、認識別人叫做智慧，能認識、瞭解自己才算
聰明。

　　老子的這段話和《孫子兵法》中的「知己知彼，百戰不
殆」有異曲同工之妙，這一思想對現代管理者仍有很大的啓
示。

　　有人說，做事根本的還是要先學會做人，既要做一個智
者，又要做一個明者，只有這樣，我們才能爲實現成功的終
極目標，奠定堅實的基礎。

　　魏晉南北朝時期，我國北方「五胡十六國」中「後趙」
開國皇帝石勒雄才大略英明神武。有一次，石勒舉行國宴招
待高句麗等外國使節，酒過三巡，一時興起，他問身旁的大

臣徐光：「徐愛卿，你以爲憑朕的文治武功，可以同歷史上的哪個帝王平分秋色並駕齊驅啊？」

很善於吹捧的徐光馬上說：「依微臣看來，陛下英雄蓋世，創下萬世不朽基業，漢高祖劉邦望塵莫及，魏武帝曹操視若等閒，三皇五帝以來無人可比，真可以說是『前無古人，後無來者』啊！」

石勒聽罷，哈哈大笑，說道：「寡人哪裡會不知道自己的本事呢，徐愛卿，你說的未免也有些太誇張了吧？平心而論，寡人如果生在漢高祖劉邦的那個時代，一定恭恭敬敬投奔他的麾下，服從他的指揮，與韓信、彭越等千古名將在沙場上橫刀立馬一較短長！寡人若是生在光武帝劉秀的那個時代，就要與他逐鹿中原問鼎天下，到時候，那就還真不知道會鹿死誰手了！」

決策失誤總是由認識不足所造成的，所以關鍵是首先要認識自己，任何事業的成功之路，都是從認識自己開始的。正因爲石勒深有自知之明，對自己的能力和才略有一個基本的認知，所以他才能知人善任（任用漢族官僚張賓等），才能馳騁沙場轉戰千里所向披靡，最終使「後趙」和「前秦」一樣，成爲「五胡十六國」中最爲強盛的國家。與石勒做法不同的是紙上談兵的趙括，他缺乏自知之明，偏又好大喜功，

長平一役，白白斷送了趙國四十萬軍人的性命。

在現實生活中，如果自我被擴大，就容易產生虛榮心理，形成自滿和自我陶醉。這種人喜歡炫耀、譁眾取寵，不能客觀地評價自己。如果自我被貶低，就容易產生無能心理，認為自己無用，一無是處。這種人本來可以才華出眾，成績超群，卻由於自我貶低，「非不為，是不能也」的自欺欺人的自我退縮傷害了自我。

還有一些人，也並非自己想要東遊西蕩，但老是找不準方向，找不對角色，究其原因，主要是對自己的估計不準確。估計太高，則流於幻想，雖有遠大抱負，卻無實現可能，到頭來四處碰壁，所有夢想終歸是竹籃打水一場空；估計太低又可能浪費資源，高射炮打蚊子，得不償失，造成資源的極大浪費。

對於管理者來說，僅僅認識自己是遠遠不夠的，還有一個認識別人的問題。古人早就把善於識人作為一門學問。透過相貌和表情來瞭解人，是識人的一種輔助手段。但是，把它絕對化，把識人變成以貌取人，就會錯識人才，乃至失去人才。

晉代學者葛洪在《抱朴子‧外篇》中深有感觸地說：看一個人的外表是無法識察其本質的，憑一個人的相貌是不可

衡量其能力的。有的人其貌不揚，甚至醜陋，但卻是千古奇才；有的人雖一表人才，卻是「金玉其外、敗絮其中」的草包。倘以貌取人，就會造成取者非才或才者非取的後果。

三國時，東吳的國君孫權號稱是善識人才的明君，但卻曾「相馬失於瘦，遂遺千里足」。周瑜死後，魯肅向孫權力薦龐統。孫權聽後先是大喜，但見面後卻心中不悅。因為龐統生得濃眉掀鼻、黑面短髯、形容古怪，加之龐統不推崇孫權一向器重的周瑜，孫權便錯誤地認為龐統只不過是一介狂士，沒有什麼大用。

於是，魯肅提醒孫權，龐統在赤壁大戰時曾獻連環計，立下奇功，以期說服孫權。而孫權卻固執己見，最終把龐統從江南逼走。

魯肅見事已至此，轉而把龐統推薦給劉備。誰知，愛才心切的劉備，也犯了同樣的錯誤。他見龐統相貌醜陋，心中也不高興，只讓他當了個小小的縣令。有匡世之才的龐統，只因長相不美，竟然幾次遭到冷落，報國無門，不得重用。後來，還是張飛瞭解了他的真才後極力舉薦，劉備才委以副軍師的職務。

而司馬懿在識人用人方面則比孫權和劉備更聰明。他任用的名將鄧艾，在小時候就常常被人瞧不起。

　　鄧艾從小是個孤兒，做過放牛童，犯有口吃的毛病，說起話來結結巴巴，常常憋得臉紅脖子粗。像他那樣的人，想要做官本應是沒有什麼指望的。但是他從小喜歡武藝，愛看兵書，每見高山大河、形勢險要的地方，他總要指指點點，結結巴巴對人說：「這……這裡駐一支兵……兵馬，敵……敵人就……打不進來。」人們都笑他人小心大，做不了文官還想當武將。

　　就是這樣的一個人，也被司馬懿看中了，並做了尚書郎。後來，鄧艾帶兵消滅了蜀國，打破了「三分天下」的格局。

　　作為領導者，要真正識別人才，就要進行全方位的審察，看其是否具有相當的能力，是否有發展前途。如果不注重一個人的學識、智慧、能力等方面的培養與使用，不注重其專長的發揮，僅憑一個人的相貌來判斷其能力的大小，甚至由此來決定人才的取捨，那麼，必將導致人才被埋沒，事業受損失。

不要被下屬的花言巧語所蒙蔽

老子原文：

「信言不美，美言不信，善者不辯，辯者不善。」

譯 解：

真實可信的話是不美的，而那些漂亮話又不真實可信；有道德的人不善於辭令，能言善辯的人又沒有道德。

老子以自然無為為美，根本表現就在於個人人格的高尚和自由上，因而，在他看來外形的美並不能保證人格的高尚和自由，外形的醜同樣也不妨礙一個人內在精神的美。

老子生活的時代，美的東西與善的東西往往是分開的，就是在今天美的與善的也不一定完全統一。下面的這則寓言就很形象地表達了這一思想。

從前有個獵人，射箭的技巧非常精湛，每次村裡的年輕人一同出外打獵，他獵到的動物都最多，大夥兒便封了他一個頭銜，叫「獵王」。

　　獵王原來用的那把弓，外表平實，很不起眼，有了獵王的頭銜之後，他心想：「我的身價已經跟以前大不相同了，如果再用這把難看的弓，一定會遭人笑話。」於是，便把舊弓丟棄了，另外找人製造了一把新弓，上面雕刻了非常精緻的花紋，每個人見了都忍不住要摸一摸，稱讚幾句。獵王更得意了。

　　有一天，村子裡舉行射箭比賽，獵王帶著美麗的新弓，很神氣地到達比賽地點。等輪到獵王出場時，大夥兒都鼓掌喝彩，準備看他一顯身手。

　　只見獵王拈弓搭箭，才將弦一拉緊，那美麗的雕花弓竟然當場折斷了。

　　在場的人個個哄堂大笑。獵王面紅耳赤，一時羞窘得說不出話來。

　　我們常常被事物的表面現象所迷惑，以為新的、外表漂亮的東西就是最好的。實際上，一個東西是否有價值，最重要的不是外表好不好看，而在於它是否能發揮實用的價值。在識人的時候，尤其有一定的難度，因為有些人是善於偽裝的，雖然能力有限，外表光鮮亮麗同時嘴很巧，因此很有迷惑性。

　　再來看看這則故事。

一個漁夫，有兩隻魚鷹，在一條江裡捕魚。

這條江的兩邊都是高山，還有一個山頭，在江的中心突出來，好像從江里昂起了一個巨大的青魚頭，大家給它取了個名字，叫青魚嘴。老輩人說，因爲上游的江水，直對著它衝來，把山底下的泥土，全沖光了，山底下是空的，山腳邊也形成了一個很深很深的深水潭。江裡的大青魚，都躲在這個山底下的深水潭裡。

每天清晨，漁夫都把魚鷹放在船頭上，劃起雙槳，撐船到青魚嘴下面的深水潭，唱起「嘎嗨嗨，嘎嗨嗨」的號子。魚鷹好像聽到了命令，就「撲通」、「撲通」地鑽進水裡去捉魚。

漁夫又拿起長長的竹竿，在水面上啪啪地敲打著，跟在魚鷹的後面。

第一隻魚鷹鑽出水面來了。它的名字叫「短尾巴」，嘴裡銜著一條很小的鯧條魚，把頭昂得高高的，向漁船游來。

漁夫高興極了。鯧條魚雖然小，但這是一個良好的開始，他趕快將長竹竿伸出去，把「短尾巴」拉上船，取下它嘴上的鯧條魚，放進船艙裡，並且親熱地拍拍「短尾巴」的頭，說：「真是我的好『短尾巴』，又是你第一個給提上魚來了。」「短尾巴」聽了主人的話，閃動著兩隻圓圓的小眼睛，

十分得意地扇著翅膀。它連連點著頭，嘎嘎地叫著，好像在說：「下一次，我要給你捉一條大魚上來。」然後就站在船頭曬起太陽來。

這時，漁夫又拿起長竹竿，在水面上敲打著。「嘎嗨嗨，嘎嗨嗨」地唱著，他在等另一只名叫「長腳」的魚鷹。過了好長時間，「長腳」才忽地一下鑽出水面，用它堅實的嘴巴，緊緊夾住了一條足有一斤多重的青魚，慢慢向漁船游過來，漁夫一看，忙把長竹竿伸向「長腳」，拉它上船，取下嘴裡的青魚，更加親熱地拍拍它的頭說：「捉吧，把更大的青魚捉上來吧。」「長腳」並沒有像「短尾巴」那樣，高興得嘎嘎地歡叫，也沒有站到船頭上去曬太陽，只把翅膀扇了幾下，又鑽進水裡捕魚去了。

每一次第一個給漁夫提上魚來的，總是「短尾巴」魚鷹。那些小鯧條魚，常在淺水裡游，不要鑽得很深，就能捉到。「短尾巴」捉到小鯧條魚後，就向主人嘎嘎叫上幾聲，好像在誇耀自己：「我又給你捉魚來了，我幹得不錯吧？」漁夫很喜歡「短尾巴」，覺得它很能幹，所以捉好了魚，在給魚鷹餵食的時候，漁夫總要在「短尾巴」面前多丟上一條小鯧條魚。

有一天，漁夫又帶著魚鷹出發了。到了青魚嘴的深水潭，

漁夫又唱起了響亮的捕魚號子，用長竹竿在江面上敲打著。兩隻魚鷹同時鑽進水裡去捉魚。第一個捉魚上來的，照例又是「短尾巴」，仍然是一條小小的鯧條魚。漁夫當然很高興，因為這又是一個好的開始呀。他又等待「長腳」把大青魚捉上來。但是，「長腳」上來時，嘴巴裡卻是空的，什麼也沒有。漁夫生氣了，揚起長竹竿，打了一個呼哨，警告說：「你偷懶，今天不給我捉一條大青魚上來，我就要你的命。」

「長腳」見主人生氣了，雖然很吃力，還是一聲不響地鑽進水裡去了。

過了一會兒，「短尾巴」又捉了一條鯧條魚，得意洋洋地浮出水面，向著漁船游過來。漁夫趕快把它從水裡拉到船上，取下它嘴裡的魚。他正想向「短尾巴」說些什麼，見「長腳」也鑽出了水面，嘴上仍然什麼魚也沒有。漁夫更加生氣了，他拿起「短尾巴」剛剛捉上來的那條魚，塞進了「短尾巴」的嘴裡，把剛剛跳上船來的「長腳」一竹竿撥到水裡。

「長腳」魚鷹在水面上游著，十分委屈地盯著自己的主人，因為它的肚子已經很餓很餓了，從早上到現在，還沒有吃過一條小魚，也沒一粒米進肚。這怎麼有力氣去捉魚呢，而且它正在……不允許它再想下去了，因為主人的長竹竿揚到了它的頭上，催它捉魚的號子，唱得更響。「長腳」魚鷹

把嘴巴閉得緊緊的，兩腳一用力，又鑽進水裡去了。

「長腳」再一次空著嘴巴鑽出了水面。它那一身羽毛，全沾在身上了，簡直不能在水面上浮游了。漁夫氣得什麼似的，他拿起竹竿，把「長腳」魚鷹狠狠打了一頓。「長腳」魚鷹跌落在船艙裡，掙扎著動彈不得了。

又過了一會兒，水面上漂起了一層淡紅色的血。漁夫好生奇怪，他向深水裡一看，見水面下有一個黑影子，慢慢浮上來，江水也開始動盪起來。「短尾巴」嚇得不得了，趕快跳上漁船；漁夫也害怕起來，把船划到青魚嘴的山腳下，等那個黑影子完全浮出水面，才看清是一條大青魚的背脊，魚鰭像一張灰色的小帆，大青魚橫衝直撞地游過來，弄得江水發出嘩嘩的聲音，嚇得那些鯧條魚躲進了水草裡，連在水裡捕魚吃的野鴨，也驚慌地叫著飛走了。

濺起的水浪，足有幾尺高。水花濺到了漁夫的身上，把他的衣服也打濕了。「短尾巴」躲進了船艙裡。大青魚游呀，翻滾呀，不知過了多少時候，它好像感到筋疲力盡，再也游不動了，才把速度慢下來，慢下來，最後翻了一個身，不動了。

大青魚死了，漁夫才把漁船划近大青魚身邊。他「啊」的一聲叫了起來，原來大青魚的眼睛被啄瞎了，眼睛旁邊和

身上還有好些被啄過的洞。江水裡的血，就是從它身上流出來的。漁夫明白了，什麼都明白了。他的手開始發抖，眼睛也變紅了，呆呆地看著大青魚，他又猛地撲進船艙，把「長腳」魚鷹抱了起來，撫摸著它的羽毛。

俗話說：「路遙知馬力，日久見人心。」畢竟是「人心隔肚皮」，真正地認識一個人、正確地評價一個人實在是太難了，千萬不要被別人的「美言」所迷惑。

要善於發現和利用別人的優點

老子原文：

「是以聖人常善救人，故無棄人；常善救物，故無棄物。是謂襲明。」

譯　解：

因為，聖人經常挽救人，所以是沒有被遺棄的人；經常善於物盡其用，所以沒有被廢棄的物品。這就叫做內藏著的聰明智慧。

老子指出，掌握、順應規律的聖人，經常善於使人盡其才，所以沒有被遺棄的人；經常善於使物盡其用，所以沒有被遺棄的物。「無棄人」，是管理、用人的一個理想目標。然而，要達到「無棄人」的目標，就要「常善救人」。而要能做到「常善救人」，就必須一視同仁，不以好惡、親疏、遠近區別對待。在這方面，明朝的朱元璋的做法就非常高明。

朱元璋擊敗陳友諒之後，收降了大批兵將，這些兵將的

數量甚至超過了朱元璋原來的人馬。因為在戰爭中死傷的人多，所以朱的部下非常仇視他們，這些降兵們認為自己原是陳的人馬，終究難於為朱元璋所真正信任，非常擔心遭到報復，因此各懷心事，有的想逃走，有的想先下手為強造反，有的仇視朱的部下想報復。如何對待這些降將關係到朱元璋的力量能否迅速壯大，能否最終成大事。這時，朱元璋採取了非常信任他們的辦法，讓曾經最忠於陳友諒的衛隊作為自己的衛隊，有時候他自己的部下都不在場，全部讓這些陳友諒的衛隊保衛自己，毫無戒備之意。朱元璋的信任最終化解了降將們的猜疑，讓曾經忠於陳的力量迅速團結到他的身邊來，人人都覺得自己是朱的親信，願意為朱效死命。為朱元璋的大業奠定了基礎。由此可見，信德，是非常有效的凝聚人心、激勵士氣、增強團隊精神的管理方法。

作為現代管理者，一定不要認為任何下屬是不可雕的朽木。

不論哪一家公司，都有那種很快便被貼上「朽木」的標籤、然後被打入冷宮的人才。有些人的確不得不如此對待，但有不少人卻是因主管個人好惡或輕率的判斷而被迫坐冷板凳的。

管理者絕不可輕易將人認定是「朽木」，反而應該以「或

155

許也有良材」爲座右銘。只要以無成見的眼光去看每一個人，將可發現再古怪的部屬或許也擁有值得重用的能力或特點，如果怎麼也發現不到，則應先檢討自己的眼睛，而且至少得反省三次。

高級領導者是管理人才的伯樂，正如美國著名經營專家卡特所說：「管理之本在於用人。」

經理在發揮人的長處的問題上，第一個會遇到的就是僱人問題。經理選擇人員和提拔人員時所考慮的是以他的專長爲基礎的。他的用人決策，不在於如何減少別人的短處，而是如何發揮人的長處。

誰想在一個組織中任用沒有缺點的人，那麼其結果最多只是一個平平庸庸的組織。想要找「各方面都好」的人、只有優點沒有缺點的人（不管描述這種人時用什麼詞，「完人」也好，「成熟的個性」也好，「調教極好的人」也好，「通才」也好）結果只能找到平庸的人，就是無能的人。強人總有較深的缺點，有高峰必有深谷。誰也不能在十項全能中都強，與人類現有的博大的知識、經驗和能力相比，即便是最偉大的天才都不及格。其實世界上本沒有「好人」這個概念，問題是好在哪方面。

一位經理如果重視別人不能做什麼，而不是重視別人能

做什麼，那麼，他就會以迴避缺點來選用人而不以發揮長處來選用人，他本人就是一個弱者。他可能看到了別人的長處卻把它當成對自己的威脅。但是事實上從來沒有哪位經理因為他的部下很有能力、很有效而遭殃。美國的鋼鐵大王卡內基的墓碑上的碑文這樣寫道：「一位知道選用比他本人能力更強的人來為他工作的人安息在此。」當然，這些人之所以比卡內基更強，是因為卡內基發現了他們的長處，並運用了他們的長處。實際上，這些鋼鐵公司的管理者每一位只是在某一特別領域裡，在某一特別工作上比卡內基「更強」，而卡內基是他們的一位有效的領導者。

有效的領導者知道，他們的部下之所以拿薪水，是為了行使職責，而不是為了投上級所好，他們知道，只要一位女演員能招徠觀眾，至於她愛發多少脾氣那都無關緊要。假如發脾氣是這個女演員能使自己的表演達到至善至美的方法的話，那麼劇團經理就是為受她的脾氣而拿薪水的。

有效的領導者從來不問：「他跟我合得來嗎？」而問的是：「他能做什麼？」所以在用人時，他們發現別人某一方面的傑出之處，而不看他是否具有人人都有的能力。

知人所長和用人所長是合乎人的本性的。事實上，所謂「完人」或者所謂「成熟的個性」，隱含著對人的最特殊的

才能的褻瀆。人的最特殊的才能是：把他所有資源都用於一項活動、一個專門領域、一項能達到的成就上的能力。換句話說，所謂「完人」或者「成熟的個性」的概念，褻瀆了人的卓越。因為人只能在某一領域內達到卓越，最多也只能在幾個領域內達到卓越。

　　當然，世上確有多才多藝的人，我們通常所說的「萬能天才」指的就是這些人。但真正在多方面都有造詣的人還沒有。即使是達‧芬奇也只不過在繪畫方面造詣較深，儘管他興趣廣泛；如果歌德的詩沒有留傳下來，那麼他所有為人知道的工作也就是對光學和哲學有所涉獵，但恐怕不見得能在百科全書上見到他的大名了，偉人尚且如此，我們這些凡人就更不用說了。除非一個領導者能夠發現別人的長處，並設法使其長處發揮作用，否則他就只有受到別人的弱點、別人的短處、別人對成果和有效性的阻礙的影響。用人只用到了別人的短處，只用到了別人的弱點，是對人才資源的浪費，是誤用人才，說得嚴重是虐待人才。

　　發現人的長處是為了要求成果，一個領導者不先問：「他能做什麼？」那麼就可以肯定，這位領導者的部下不會有真正的貢獻。這等於他事先已經原諒了他的部下的無成果。這樣的領導者成事不足敗事有餘。真正「苛求」的經理──事

實上懂得用人的經理都是苛求的經理，總是先發掘一個人最能做什麼，再來「苛求」他做什麼。

世上只有偏才，而沒有全才，有所長必有所短，即使天才，也不可能七十二行，行行當狀元。「金無足赤，人無完人」，正確的用人之道，在於求其人之長，而不在於求其人為「完人」。你用他的長處，他就是「能人」；反之用其「短處」，則他就是「笨人」了。如果，A君是某企業中的職工，他擅長並熱愛設計工作，你用他當設計師，則他就是「能人」了；你用他短處，他則變成「笨」人了。

某工業公司經理決定任用一個曾被記過的工人當分廠的廠長。這件事在公司內外掀起了軒然大波。原來，公司經理在調查這個分廠時發現，這個分廠的工人平均每人每天組裝電鍍表十至一六個，而這個曾被記過的工人所在小組平均組裝水平是四十至五十個，因為這個工人有過人的組裝天份。經理頂住壓力，任用了這個曾有劣跡的人。他走馬上任後，整個分廠的平均組裝水平很快達到每人每天四十個。有的人不服氣：「做錯事的人也能當廠長，別人都可以當廠長了。」公司經理理直氣壯地反駁說：「你能把組裝水平從十個提高到四十個嗎？不要用一成不變的死眼光看人！」

要重用那些合群、有膽量、判斷力、足智多謀的有用人

才。這些人，喜歡與人結交，善於傾聽別人的意見，喜歡多聽聽別人的話，不輕易發表自己的看法和見解。他們有膽量，敢於迎接各種挑戰，並且對事物的是非判斷力較準。他們有較強的思想方法和較明確的態度。即：仔細選擇有關事物進行思考，把精力用在那些切實可行的目標上去積極思考。一旦成熟，盡快說出看法，爭取支持者，取得立足之地。不害怕承認自己的錯誤，能正確對待成功和失敗。成功後，他們會冷靜思考如何走成功之路，失敗了，他們會從中吸取教訓。他們總是不願錯過一切成功的機會。

金無足赤，人無完人。十全十美的人在現實生活中是很難找到的。一般來說，識人之短容易，識人之長、能說人好話並非易事。作為領導者，就是要以求賢若渴的態度，對人才從大處著眼，從長處著眼，看人的本質、主流。松下幸之助說：「用人就是要用他的勇氣，必須盡量發掘部屬的優點。當然，發現了缺點之後，也應該馬上糾正。以七分心血去發掘優點，用三分心思去挑剔缺點，就可以達到善用人才的目的。」

在選拔人才時如果能見其所長、避其所短，就能正確發現人才。使用人才，尤其要特別注意發現那些雖有缺點，但有才能的人。一個人的優點和缺點常常是互相彰昭的，有時，

甚至才能越高的人其缺點可能越明顯。例如一個人進取心強，敢冒險，敢闖前人沒有走過的路，有時難免有處理事情不周不細的毛病；一個人有魄力，有才幹，不怕閒言碎言，不怯習慣勢力，難免有時顯得過於自信和驕傲；一個有毅力，有倔勁，不達目的誓不罷休的人難免有時主觀、武斷。對這些人，如果我們求全責備、棄而不用，那麼，就會失去一大批精明強幹，勇於開拓的人。克雷洛夫有一篇寓言，說一個人因為怕剃刀快，而棄之不用，改用很鈍的鐮刀刮鬍子，結果不僅鬍子沒有刮乾淨，還刮得滿臉是血。克雷洛夫最後寫道：「我看好多人也是用這種眼光來衡量人才的，他們不敢使用一個真正有價值的人，光搜集一幫無用的糊塗蟲。」我們要從這個寓言中得到啟示。

　　現代社會，專業分工日趨複雜，不要說古代的「通才」早已不存在，就是在某一領域也難以找到一位「萬事通」，因此，對主管來說，最好的辦法就是人盡其才，這就要求主管能夠對人才避短用長。如果讓諸葛亮這個長於運籌帷幄、有卓識和氣魄的人去做決勝千里之外的將士，跨馬揚刀，衝鋒於敵陣之中，顯然是不可思議的，因為諸葛亮的專長就是出謀劃策，而上陣殺敵只能是趙雲、關羽、張飛之輩所為。相反若把趙、關、張三人放在諸葛亮的位置上，同樣是用人

161

非用其長。

在人才使用上，不僅要用其所長，而且要「短中見長」。不知人短中之長，就不能做到善於用人。數學家陳景潤不善言談，表達能力較差，當中學教員很吃力，調到數學研究所，專做數學研究，攀上了高階數理的高峰，達到了很高的水準。一個人的優點和缺點，長處和短處，並不是凝固不變的，優點擴展了，缺點也就受到了限制，發揚長處是克服缺點的重要方法，而且長處和短處是相伴相生的，常見到有些長處比較突出、成就比較大的人，缺點也往往比較明顯，常常「不拘小節」，大智若愚。因此，在選用人才時，要善於發揚人才的長處，用人所長，揚長避短，以便做到人盡其才，才盡其用。至於那些膽大藝高，才華非凡，但由於某種原因受人歧視、打擊，成為有爭議的人物，領導更要力排眾議，態度鮮明，給予有利的支持。

不尚賢，使民不爭

老子原文：

「不尚賢，使民不爭。不貴難得之貨，使民不為盜。不見可欲，使心不亂。是以聖人之治，虛其心，實其腹，弱其志，強其骨。常使民無知無欲。使夫智者不敢為也。為無為，則無不治。」

譯 解：

不推崇有才德的人，致使老百姓不互相爭奪；不珍愛難得的財物，致使老百姓不去偷竊；不顯耀足以引起貪心的事物，致使民心不被迷亂。因此，聖人的治理原則是：排空百姓的心機，填飽百姓的肚腹，減弱百姓的競爭意圖，增強百姓的筋骨體魄，經常使老百姓沒有智巧，沒有慾望。致使那些有才智的人也不敢妄為造事。聖人按照「無為」的原則去做，辦事順應自然，那麼，天下就不會不太平了。

　　老子所主張的「不尚賢」，就是建立一個良好的制度讓人才脫穎而出，而不是讓政府勞師動眾地挖掘人才，導致民眾為賢人之名爭得頭破血流。在老子的時代，君王甚至極有權勢的官僚有將「賢人」養起來以備後用的風氣，而選「賢人」的方式也並不嚴格，沒有一定的標準，人們為了得到養尊處優的生活和地位，因此造成爭訟。顯然，老子以「不尚賢」表明了他不贊成這種「養賢」之法。老子認為要造成社會平等，並認為聖人探索宇宙起源的基本方法是以邏輯思維去達到「無」的境界，人的社會也應該達到「無」的境界，也就是沒有亂象發生。老子認為應該讓所有的人都懂得達到「無」的境界的方法，不管是對自然還是人類社會，若依循「心法」的「無為」的理性規則，則一切就可以進入理性的「治」的範疇。

　　當然，在用人方面必須尚賢，要任人唯賢，人盡其才，利用賢德人的愛心和智慧為國家為人民服務；但在名利方面不能尚賢，也就是指賢德人雖然貢獻大，但不要給他們太多的名利。因為真正賢德的人，對這些虛名浮利都看得非常淡，生活要求也不高，他們只講貢獻不圖回報，太多的名利對他們沒有什麼用處。

　　而普通的人喜歡爭奪什麼呢？無非是為自己爭名奪利。

因為名利是爭鬥的禍根！所以，如果不給賢德人太多名利，別人看到了就會想，他能力強、工作多、責任大、貢獻大，可他的薪資獎金比我多不了多少，職位也比我好不了多少，沒有名利可爭了，這樣心理就平衡了，就安心工作了。相反，如果你給賢德人太多的名利，麻煩就來了。大家就開始嫉妒了，你說他能力強貢獻大，我覺得我的貢獻比他還大呢，憑什麼給他那麼多？賢德人的貢獻他沒有看到，多得一點利益，別人就眼紅了，名利爭奪戰就打響了。不賢德的人就會冒充賢德，追求高官厚祿，就會圍在主管的身邊吹牛拍馬屁，盡說甜言蜜語，說得主管心裡甜蜜蜜的，騙得主管的信任。這樣無才無德的小人一旦得志，就要影響政策，領導就成了附庸，賢德人就要遭到排擠，老百姓就要遭殃，國家就要大亂。像我國古代的皇帝，大部分都昏聵無能，為小人所左右，把天下治得大亂。

聖人按照「無為」的原則去做，辦事順應自然，「不尚賢」，「不貴難得之貨」，「不見可欲」，那麼，天下就不會不太平了。

聖人行不言之教

老子原文：

「是以聖人居無為之事，行不言之教，萬物作而弗始
也，為而弗志也，成功而弗居也。夫唯弗居，是以弗
去。」

譯　解：

因此，聖人用無為的觀點對待世事，用不言的方式施
行教化：聽任萬物自然興起而不為其創始，有所施為，但
不加自己的傾向，功成業就而不自居。正由於不居功，就
無所謂失去。

「不言之教」，是老子一以貫之的管理思想。在短短幾
千言的《老子》中，類似的提法、論述貫穿始終。由此可見
「不言之教」在老子心目中的地位了。他認為，體「道」的
聖人，以「自然無為」的態度去處事，以「不言之教」的方
式去進行管理。

什麼是「不言之教」？「教」是教化，引導。管理的實質是引導，也就是「教」，是要將被管理者的思想、行為，引導到組織、企業所期望的軌道上來，引導到實現組織、企業的目標上來。管理者如何實現這一引導，歷來有兩大類手段：一是依靠「胡蘿蔔＋大棒」式的法制、賞罰「二柄」，及西方的科學管理；另一是依靠教化，即當代的企業文化思潮，中國儒家的德治管理路線，就屬這一類型。老子則認為，實現「引導」這一管理功能，要靠「不言」。

　　老子所說的「不言」，決非指不說話，而是指這樣兩重含義：第一，針對「言教」，老子強調「身教」的作用。這與儒家一貫主張的「正己化人」、「教化」，以及企業文化建設中強調領導者要成為企業文化的表率、化身是完全一致的。「不言」也好，「正己」、「化身」也罷，方法不同，實質是相同的。第二是針對當時法家在法制管理中的繁煩政令、嚴刑苛法和頻繁變法而言的。這裡，「言」不是指說話，而是指政令、法規，包括企業中的制度、規章、紀律等等。老子的「不言」中的「不」，不是絕對的「無」，而是相對於「多」、「繁」、「雜」，主張「少」。「不言」，就是政令、法規、制度要少而精，要相對穩定。

　　「不言之教」的第二層含義是管理者在管理過程中要以

167

表率行為，為下屬做出榜樣，成為下屬學習的楷模，以自身的模範行為去教育、感化下屬。這就是我們常說的「身教」。

身教，「不言之教」，是以管理者自身的表率行為來激發下屬的獻身精神。正由於這個緣故，自老子、孔子始，中國歷史上有影響的哲人，無不對此肯定、推崇、提倡。就是一些外國的管理者，也非常讚賞這一思想。

岡崎嘉太平是日本著名的企業家，曾擔任過「池貝鐵工」和「全日空」兩家大公司的社長。他的僱員普遍認為他是一個「嚴於律己，寬以待人」的人，他自己也將「以身作則」作為座右銘。

一九一六年，岡崎考上了日本著名的「第一高中」，住進了學校宿舍，開始了團體生活。當時自修教室的清潔衛生工作，應該由包括他在內的幾個同學共同負責。可是，每天做衛生工作的時候，都只有岡崎一個人在幹活。

岡崎覺得這不公平，就向與他同鄉的一位學長告狀說：「第一高中在全國以『明星學校』而著名；而其實呢，學校中竟有如此不負責任、不盡義務的學生，這太不像話了，簡直太丟人了！」

岡崎說得慷慨激昂，唾沫橫飛。

可那位學長等到岡崎情緒平定之後，只是淡淡地說了一

句：「只要你自己盡到了責任和義務，不就好了嗎？你又何必去責備別人呢？」

從第二天早晨開始，岡崎就默默地獨自清掃自修教室。其他的同學雖然仍舊沒有參加，他也不放在心裡了。不久後，那些同學看他一個人忙，又從不發怨言，便有些過意不去了，於是，他們也逐漸加入到了清掃教室的隊伍之中。

這件事情，使岡崎終生難忘。步入社會後，他也一直抱著這種「責備，不如示範」的信條，時時嚴格要求自己。他相信，一個不能夠做到處處以身作則的人，就不可能是一個合格的管理者。對於普通人也是一樣的，只有自己「行得正，走得端」，才有說服力和感召力，才容易贏得別人的信服和支持。

中國古代兵書經典之一的《三略》中說：「捨己而教人者逆，正己而代人者順」。「正己而代人」，即老子的「不言之教」。這種教化，被教化者自覺接受，因而「順」。相反，「捨己教人」，則被教育者就會產生逆反心理，收不到應有的效果。對此，中國歷史上著名的智者諸葛孔明也有同感。他說：「上之所為，人之為瞻也。夫釋己教人，是謂逆教。正己教人，是謂順教。故人君先正其身，然後乃行其令」。管理要「行其令」。但是「行其令」必須有個前提，

那就是領導者「先正其身」。「先正其身，乃行其令」，這就是「不言之教」！

可見，古今中外，兵家企業界，在「不言之教」這個問題上，有識之士的觀點和做法是十分相似的。

要以誠待人，不能高高在上

老子原文：

「是以欲上民，必以言下之」。

譯解：

你要當上等人，說話必須客氣些，不能高高在上，把別人踩在腳下；必須處下，對人和藹可親，尊重別人，別人才會推舉你為上民。

老子告訴我們，如果你要想當上等人，說話就必須客氣些。不能高高在上，說大話、狠話，把別人踩在腳下。必須處下，對人和藹可親，尊重別人，別人才會推舉你為上民。香港著名企業家、亞洲首富李嘉誠在談到他作為管理者的人格魅力時說，「我不英俊，但最要緊的是以誠待人。如果沒有誠懇，你周圍的人遲早都會離開你。……如果每個人都幫助你的話，你一定能成功。」在這方面，唐太宗做得非常出色。

　　有一次，唐太宗告訴眾臣：「有人說當了皇帝就可以得
到最崇高的地位，沒有任何畏懼。事實上，我卻是常懷著畏
懼之心，傾聽臣下的批評與建議，一向以謙虛的態度處理政
事。倘若因為自己是一國之君，就不肯謙恭而以自大的態度
來對待臣下，那麼一旦行事偏離正道時，恐怕就再沒有能夠
指正過失的人了。」

　　「當我想說一句話，做一件事的時候，必定先想一想如
此一來是否順了天意？同時也要自問有沒有違反了臣民的意
向。為什麼呢？因為天子是那樣高高在上，對底下的事一目
瞭然，而臣民們對君王的一舉一動十分注意，所以我不僅要
以謙虛的態度待人，更要時時反省自己的一言一行是否順應
天意與民心。」

　　旁邊的魏征接著說：「古人說過『靡不有初，鮮克有
終』。有好的開始並不一定能有好的結束。但願陛下常懷畏
懼之心，畏懼上天及人民，且謙虛待人，嚴格地自我反省，
如此一來，吾國必能長保社稷，而無傾覆之虞了。」

　　謙虛的態度，也是唐太宗受後世景仰的原因之一。唐太
宗說過：「與人交談實在是一件十分困難的事情，即使是一
般百姓，在與人交談時若稍微得罪對方，對方因而牢記在心，
便會遭到報復。更何況是萬乘國君，在和臣下交談時絕不容

許有一點失言。因為即使是微不足道的失言，也有可能導致極重大的影響，這種影響是庶民的失言所萬萬及不上的，我心中一直牢記著這一點。」他還說：「昔日，隋煬帝第一次進入甘泉宮時，對宮中的庭園十分中意，但是認為有一美中不足之處，即庭園中看不到螢火蟲。於是隋煬帝下令捉一些螢火蟲來代替燈火。負責的官吏趕緊動員數千人去捕捉螢火蟲，最後捕捉了五百車的螢火蟲。連這樣一件小事都能勞師動眾，又何況是天下大事，更不知道要受到多大的影響呢。為人君王的又怎能不謹言慎行呢？」

態度謙虛，謹言慎行的人才容易得到下屬的尊敬，才不容易給自己和別人招致麻煩。

對於領導者來說，更不能有戲言，因為他的每一句話都會對部下產生巨大的影響，甚至會影響一件事情的結局。態度謙虛，言行謹慎，不但是身為領導者修養的重要方面，也是個人修養的重要方面。

充分尊重每一個下屬

老子原文：

「故貴以賤為本，高以下為基。是以侯王自稱孤、
寡、不谷。此非以賤為本邪？非乎？故至譽無譽。是故不
欲□其碌碌然如玉，珞珞如石。」

譯　解：

所以貴以賤為根本，高以下為基礎，因此侯王們自稱
為「孤」、「寡」、「不谷」，這不就是以賤為根本嗎？
不是嗎？所以最高的榮譽無須讚美稱譽。不要求像晶瑩的
寶玉那樣珍奇，而寧願像堅硬的山石那樣普通。

孤，是孤獨無德；寡，是寡德之人；不谷，是指不善。
中國古時君王，自稱孤、寡、不谷，均是貶稱，自貶，以顯
謙卑。老子認為，如果你千方百計去追求榮譽，必定得不到
榮譽。因此，作為一個管理者，不要像美玉那樣璀璨明亮受
人注目，而要像石頭一樣地暗淡無色，普普通通，毫不特殊。

這段話，也有兩點引人注目：其一是「貴以賤爲本，高以下爲基」。任何高貴的事物，都扎根於低下的事物之上。少數人的「高貴」，如果沒有多數人的「低下」，那麼，他們是「高貴」不起來的。就如同一座寶塔，塔尖處於「高貴」的地位，塔身、塔底、培基處於「低下」的地位。然而，沒有培身、塔底、塔基的「低下」，哪有塔尖的「高貴」？一個管理者，如果瞧不起，甚至欺凌「低下」的下屬，不等於是沒有了塔身、塔底、塔基的塔尖了嗎？這時，你想「高貴」能「高貴」得起來嗎？因此，管理者要「處下」，要尊重下屬，這樣才能穩住自己的塔身、塔基！

　　其二是「不欲其碌碌如玉，珞珞如石」。管理者處於領導地位，本身就容易引人注目。如果不加注意，任意突出自己的優越地位、權勢，必然與下屬之間形成越來越深的等級鴻溝。這樣，凝聚力就無從談起，而只會相互疏遠，甚至對立。同時，這種等級鴻溝時間長了，又會使下屬心理失衡，產生心理障礙。這樣，既無益於下屬的健康，也會影響其工作質量。解決這些問題的最佳途徑，是管理者「不欲其碌碌如玉」，而「珞珞如石」。

　　春秋時，田忌離開齊國逃亡到楚國，楚王親自到郊外迎接他，並詢問齊國的軍事情況。田忌說：「如果齊國派申孺

爲主將，楚國只需出兵五萬便可凱旋而歸；如果齊國派田居
爲主將，楚國就要出兵二十萬，方可不分勝負；如果齊國派
眄子爲主將，楚國就要出動全國軍隊，就算這樣，也僅僅能
夠免於亡國。」

楚王問爲什麼？田忌說：「申孺這個人，狂傲自負，既
慢待能人，又輕視庸人。能人和庸人都不願爲他效力，所以
我料定他逢戰必敗；田居這個人，爲人正直，禮遇能人，但
輕視庸人。能人願意爲他效力，庸人卻離心離德，所以，我
料定他勝負各半；至於眄子這個人，既尊敬能人，又愛惜庸
人，上下左右都願意爲他出死力，所以我料定您與他交鋒，
僅僅能夠倖免於難罷了！」

後來，齊國派申孺爲將攻楚，楚王聽從田忌的建議，僅
派五萬人迎敵，大獲全勝。後來齊國派眄子爲將攻楚，楚王
親自掛帥，出動全國軍隊迎敵，仍然失敗，僅免於亡國而已，
就像田忌事先預言的一樣。

眄子這個人，尊敬能人，愛惜庸人，因此，他的組織戰
鬥力極強。

老子還說：「聖人無常心，以百姓之心爲心。」普通員
工是構成企業的基礎，如果缺少了這個基礎，高層管理者也
就成爲無本之木、無源之水。管理者缺少基層員工，自身創

造都成問題。所以企業人力資源管理者必須密切依靠每一位員工，緊緊聯繫每一位員工，視每一位員工的正當需要爲需要，才能使得企業興旺發達。在這方面，美國沃爾瑪公司的做法就非常值得一提。

沃爾瑪公司的領導者薩姆·沃爾頓曾反覆強調：「在沃爾瑪公司裡，任何員工都是公司內平等且重要的一員。」他是這樣說的，也是這樣做的。比如，在公司總部的辦公樓前，公司的任何人，包括薩姆本人在內，在停車場上都沒有一個固定的車位。公司所有的員工都受到平等對待，還表現在公司內形成上下溝通的開放環境。每個人爲企業的經營獻計獻策，都有機會充分表達出來；每位員工可以向經理表達他的看法，包括建議也包括他們的不滿。在每年的年會上，員工還可直接會見總裁，討論從工作條件到發展方向的任何問題；而且，從薩姆到各級主管、區域經理，每週都有三四天在各分店視察，瞭解店內情況，聽取員工意見。

隨著公司越來越多在大中城市郊區開店，員工來源發生了很大變化。來自小鎮的員工更樂於在沃爾瑪工作，認爲這裡更爲穩定，並且他們也認同公司的經營理念。而大城市裡新進店的員工則不大容易融入公司的環境。對於薩姆來說，這也是一種挑戰。薩姆認爲，一個頭腦靈活、懂得激勵員工

的好經理，無論在什麼地方，都能夠透過尊重員工，善待他們和要求他們，最終使他們成為公司的優秀一員。員工只有稱職與不稱職之分，沒有地域之分。而且，薩姆極力保持內部管理層與員工之間的經常交流，努力讓每個人感到自己是薩姆擴大的家庭的一員。

薩姆本人就很尊重每一位員工。薩姆特別強調傾聽員工的意見，幫助他們解決問題。在本頓威爾總部，經常能看到一些員工大老遠地從密西西比或堪薩斯的什麼地方開著小貨車來到本頓威爾，坐在總部大廳等著見董事長。雖說薩姆並不可能與每一位前來等待的員工見面，而且未必能解決每個問題或贊同每個意見，但透過這個過程和事實，它保持了公司內部的開放環境。讓員工感到公司真心地關心他們，樂於幫助他們，並且非常欣賞他們的努力。這對每一位員工來說，就是一種尊重，也可以肯定他們的價值。

沃爾瑪公司沒有明確的等級差別，公司是一個為同一目標行動的團隊，從包括董事會成員、經理人員和所有合夥人那裡獲得力量。在這個團隊中，每個人都是公司平等的一分子，只有職位區分，沒有等級高低。在公司裡，公司員工彼此互稱同事，或直呼其名，顯示出平等友善的風格。而主管或經理則被稱為「教練」，在合適的時候，他們會主動幫助

員工進一步提高工作能力。而且，公司給每一個員工提供平等的競爭機會，鼓勵和誘導每一個人最大限度地展露才華，因而不少公司總經理都出生於基層員工，例如送貨工或者收銀員，這樣更使員工感到一種歸屬感。

沃爾瑪善待員工還有一個表現就是，以現實改變偏見，無論員工是男是女，是普通工人出身還是大學生，都一視同仁。早期零售行業有這樣一個流行觀念，認為「男性經理可以干更多體力活」，女性則適合做店員，因為女性主管不像男性主管那樣可以自由遷移。這就使得很多優秀的女性主管能力得不到很好發揮。薩姆則認為女性僅適合做店員的看法有失偏頗。實際上女性也可以成為出色的零售商。所以沃爾瑪公司已經開始對男女員工一視同仁，並盡一切可能多招收女性參加重要的職位工作，這使沃爾瑪很受女性的歡迎。

沃爾瑪還有一項經營理念的創新，就是他認為，善待員工就是善待顧客。

這個極重要的事實，從表面上看似乎也是矛盾的，就像零售商所信奉的「進價越低，賺的就越多」的原則一樣。但是，它又是完全合理的，那就是你越與員工共享利潤，不管是以工資、獎金、紅利還是股票折讓方式，但源源不斷流進公司的利潤就越多。因為員工們會不折不扣地以管理層對待

他們的方式來對待顧客。

　　薩姆・沃爾頓說：「第一線的員工才是使顧客滿意並使他們不斷光臨沃爾瑪的源泉。因此我們應該重視他們。」公司善待員工，給員工以歸屬感，那麼員工們能夠善待顧客，顧客們就會不斷地去而復返，顧客多了，銷售額上升，利潤自然上升，這正是該行業利潤的真正源泉。因此僅靠把新顧客拉進商店來，做一筆生意算一筆，或不惜工本大做廣告是達不到這種效果的。

　　薩姆很早就說過要善待員工，因為善待員工就是善待顧客。那麼，沃爾瑪是怎樣做的呢？

　　就滿足顧客需要而言，第一線員工扮演非常重要的角色。沃爾瑪公司推出了一系列策略，例如員工入股、利潤分享，等等，一方面強化組織的能力，一方面激勵第一線員工快速周到地滿足顧客的需要。甚至為了員工，沃爾瑪調整了分店的組織結構，使分店有三六個部門。商品項目分類越細，訓練越耐心，員工對顧客的服務就越周到。

　　為激勵員工們不斷取得最佳的工作績效，沃爾瑪公司設想出許多不同的計劃和方法。其中最核心的一條，是感激之情。因為所有人都喜歡讚揚，希望別人的肯定。因此，公司尋找一切可以被讚揚的事，尋找出色的東西。當員工有傑出

表現時，沃爾瑪要讓他們知道，讓他們了解自己對公司的重要性。因此，沃爾瑪的員工對公司有一種異乎尋常的忠實性，也以同樣的感受回報給了顧客，這使員工、公司、顧客都得到了益處。

老子說：「善用人者為之下」。善於用人的，必然謙虛待人，居人之下。儒子不可辱。人才，有極強的自尊性。他們的自尊心得不到滿足，是難以全心全意為你服務的。諸葛亮說：「士為知己者死」。今天，在管理領域中，則是「士為知己者用」。只有充分尊重下屬，才能贏得他們的尊重和盡心盡力的回報。

重視員工的想法和意見

「民之難治，以其上之有為，是以難治。」

「民之難治，以其智多。故以智治國，國之賊；不以智治國，國之福。」

譯　解：

人民之所以難於統治，是由於統治者政令煩瑣、喜歡有所作為，強迫他們去做不願意做的事，所以人民就難於統治。

人們之所以難於統治，乃是因為統治者使用太多的智巧心機，以自己的意志強加於人的多。所以用智巧心機治理國家，就必然會危害國家，不用智巧心機治理國家，才是國家的幸福。

老子認為，管理的關鍵是不按自己的主觀意願來辦事，而是要集思廣益，尊重大家的意願，建立管理者與被管理者

之間的互信機制，這樣上下一條心，自然就沒有辦不成的事。

老子強調，以自己的意志治理國家，個人說了算，就會治得國家盜賊四起，不以自己的知識而是按人民的意志治國，則國家必然幸福昌盛。懂得這兩種治國之道，心裡就有了個好的和壞的模式，經常用好的這個模式治理國家，這就叫做「玄德」。我們可以看到，老子提出了兩種管理模式。一個是自上而下的，是從純粹管理者的角度出發，由管理者負責決策。另一個是從下屬的角度出發來進行管理，是一個互動或者民主的思維方式。老子認為，後者是正確的。

優秀的管理者發現，如果企業重視員工的想法，改善員工和管理者之間的交流方式，企業就會具有持續的活力。

作為管理者，只有認真聽取下屬的聲音，積極採納員工的意見，才能減少錯誤，避免決策失誤。下面的這則寓言故事就很好地詮釋了這種觀點。

鷹王和鷹后從遙遠的地方飛到遠離人類的森林。它們打算在密林深處定居下來，於是就挑選了一棵又高又大、枝繁葉茂的橡樹，在最高的一根樹枝上開始築巢，準備夏天在這兒孵養後代。

鼴鼠聽到這個消息，大著膽子向鷹王提出警告：「這棵橡樹可不是安全的住所，它的根幾乎爛光了，隨時都有倒掉

的危險。你們最好不要在這兒築巢。」

嘿！老鷹還需要鼴鼠來提醒？你們這些躲在洞裡的傢伙，難道能否認老鷹的眼睛是銳利的嗎？鼴鼠是什麼東西，竟然膽敢跑出來干涉鳥大王的事情？

鷹王根本瞧不起鼴鼠的勸告，立刻動手築巢，並且當天就把全家搬了進去。不久，鷹后孵出了一窩可愛的小傢伙。

一天早晨，正當太陽升起來的時候，外出打獵的鷹王帶著豐盛的早餐飛回家來。然而，那棵橡樹已經倒掉了，它的鷹后和它的子女都已經摔死了。

看見眼前的情景，鷹王悲痛不已，它放聲大哭道：「我多麼不幸啊！我把最好的忠告當成了耳邊風，所以，命運就對我給予這樣嚴厲的懲罰。我從來不曾料到，一隻鼴鼠的警告竟會是這樣準確，真是怪事！真是怪事！」

「輕視從下面來的忠告是愚蠢的，」謙恭的鼴鼠答道，「你想一想，我就在地底下打洞，和樹根十分接近，樹根是好是壞，有誰還會比我知道得更清楚的呢？」

「尺有所短，寸有所長。」作為管理者，不要小看任何基層員工的作用，也不要忽視任何小人物的忠告。只有認真聽取別人的忠告，善於吸取教訓，做一個虛心接受意見的人，才能避免許多懊悔和煩惱。

欲奪先與，欲擒故縱

老子原文：

「將欲歙之，必固張之；將欲弱之，必固強之；將欲廢之，必固興之；將欲取之，必固與之。是謂微明，柔弱勝剛強。」

譯解：

想要收斂它，必先擴張它，想要削弱它，必先加強它，想要廢去它，必先抬舉它，想要奪取它，必先給予它。這就叫做雖然微妙而又顯明，柔弱戰勝剛強。

老子的這段話表達出卓然、豁達的處世智慧。在給予取之間，有著一定的先後關係：想要收縮，必先有所伸展；想要減弱，必先有所增強；想要趕走他人，他必是曾經加入者；想要奪取某物，必須先行付出；如果要取，就得先給。此乃無限的道家處世智慧。

給是取的必要前提。為了往後希望獲取的打算，如果不

先給予，那麼必然引起對方的反感，遭到強烈的反抗，而束手無策。

其實，又何只是對外關係而已，當今社會失去了一種寬容和溫馨的感覺，全都由於大家只追求單方面的利益，而不想有所犧牲所造成的。社會上充滿了個人主義的論調，功利主義充斥人心，使得你我的生活中不再有關懷和體諒。這種空虛的感覺，實在讓人心寒。

如果我們能將老子語重心長的話「將欲取之，必固與之」牢記在心，並付諸實踐，社會必會呈現出另一番完全不同的景象。一般而言，中國人的思維呈曲線形，而「將欲取之，必固與之」即為典型的曲線型思考，不採取直進的態度，認為以退為進，或繞道而行更能獲取良好的效果。

想要使對手真正地信服，就先原諒其所犯的過錯，「原諒」，常能捉住對手的心，使他忠誠以待。諸葛孔明收服孟獲所用的「七擒七縱」，亦是最好的例證了。

短視者，必認為給是一種損失。但如果放寬眼際，就能明白這種微不足道的損失，將來會有數倍的回報。因此，付出是一種鋪路的行為，為以後奠定成功的基礎。

有些人行事常是莽撞而不多加考慮的，為了達到自己的目的，不顧一切地衝刺，不但給周圍的人增添麻煩，甚至傷

害了別人，而引起不必要的麻煩。

為獲得他人的支持，就得讓別人也分享利益，從平時就應多方付出，到了必要的時刻才會有所回報。並非取和拿才是最好的情形，這一點是中國人自悠久的歷史經驗中，體會出來的道家的處世智慧。

在這方面，如果缺乏寬闊的胸襟和智慧，就會忽略付出，而只知道取的直接好處。在這種情況下，即使順利也只是曇花一現，遲早會產生不良的反應，到了那時再想挽救，為時晚矣！

人際關係的深淺，決定著一個人的事業和前程。茫茫人海中的每一個人，無不希望自己能夠建立一個良好、廣闊的人際關係。而要擁有良好和廣闊的人際關係，就要遵循「將欲取之，必固與之」的原則，處理人際關係的真諦就在於：有捨才有得。

為什麼先要給予呢？

首先需要肯定的是，給予是真誠的體現，它是社會交往的基礎和核心，它顯然具有敲門磚的功能和作用。

大千世界上的凡夫俗子，人人都是以自我為中心的。「人不為己，天誅地滅」，就是這樣一種世俗觀念的概括。幾乎每一個人，時時處處都是為自己的「我」打算的，晉升加薪，

這次為什麼沒有我？明天的沙龍聚會，為什麼不請我？如果每一個人都如此這般地想和做，那世界可就沒希望了。我們何不逆向思維，反其道而行之？先走一步，把對方先要「取」的，而給予他呢？主動一些，先滿足對方的自我，無疑是建立雙方關係的重要一步。成功者往往就善於此道。

給予的核心是捨。要給予對方，並為對方所接受，就要先捨去你的身份，和三教九流的人交朋友。捨掉你的武裝和面具，向對方展示出你固有的真誠和友誼。希臘哲學家伯利克說過：「我們結交朋友的方法，是給他人以好處。」

中山君一次設宴款待群臣吃肉湯，但他沒有請司馬子期到場。司馬子期在受到群臣的嘲諷後懷恨在心，說服楚國出兵攻打中山。中山君兵敗逃命，最後僅剩下兩個隨從，就問他們為何這般忠心耿耿。那個人說，他們的父親有一次快餓死時，是中山君捨飯救他，他臨終要我們以死來報答你，因此我們來拚死相救。中山君聽後仰天長歎，說：「我因為一杯羊肉湯而亡國，又因為一碗飯而得到了兩個生死相許的勇士。」

社會生活中，一個人的物質擁有是有限的，侈談給予不就是空話嗎？不是的，給予的方式多種多樣，有物質的、也有精神的；有舉手之勞就能辦成的，關鍵是看你為還是不為。

不要怕被別人批評

老子原文：

「上士聞道，勤而行之；中士聞道，若存若亡；下士聞道，大笑之。不笑不足以為道。故建言有之：明道若昧，進道若退，夷道若纇。上德若谷，大白若辱，廣德若不足，建德若偷，質真若渝，大方無隅，大器晚成，大音希聲，大象無形，道隱無名。夫唯道，善貸且成。」

譯　解：

上士聽了道的理論，努力去實行；中士聽了道的理論，將信將疑；下士聽了道的理論，哈哈大笑。不被嘲笑，那就不足以成其為道了。因此古時立言的人說過這樣的話：光明的道好似暗昧；前進的道好似後退；平坦的道好似崎嶇；崇高的德好似峽谷；廣大的德好像不足；剛健的德好似怠惰；質樸而純真好像混濁未開。最潔白的東西，反而含有污垢；最方正的東西，反而沒有稜角；

最大的聲響，反而聽來無聲無息；最大的形象，反而沒有
形狀。道幽隱而沒有名稱，無名無聲。只有「道」，才能
使萬物善始善終。

　　按照對待「道」的態度，老子分出了三大等級：懂道的
「上士」；不懂道的「下士」；介於懂與不懂之間的「中
士」。從發展的觀點來看，下士和中士也有可能最終成為上
士。在現實中，下士是最愛議論和嘲笑「道」的，而且跟下
士辯論也沒有什麼意思，上士也不會以譏諷來與下士相計較，
因為下士根本不懂「道」，跟他計較只會對他造成傷害而非
幫助。所以，上士遇到下士的抨擊嘲笑，大多保持泰然處之
的態度。如此，從人事的表象來看，上士豈不是受辱了嗎？
但事情似乎也只能如此而已。

　　「上德、廣德、建德」都是指「道」：「上德」指最初
出現的「道」；「廣德」指「道」的擴展；「建德」指「道」
的延續。「大方無隅」指的是宇宙空間直角坐標系坐標軸在
六個方向上的延伸，「大器」指的是有對隅的「大方」，是
「大方」的完整形態；「大音希聲」指的是宇宙在整體上沒
有聲音；「大象」指的是隱藏在一切之中的本質規律。「道」
從整體上說，「道」不因人的意志而停止其運行，人透過

「道」可以瞭解到宇宙的發生和發展，所以「道」是最值得尊崇的。

人類作為一種宇宙現象，本身也離不開「道」的規則，所以對於「上士」而言，最好的辦法就是自身先守持「道」，與此同時，不斷將「道」的「理」廣為傳播，讓所有的人都能懂「道」，都成為「上士」。

在人類社會中，那些「上士」在追求真理的過程中，往往要受到世俗的阻撓，只有敢於同習慣勢力作鬥爭，才能取得勝利。

在日常生活中，你不可能在每件事上都得到每一個人的讚許。你可能花費了大量時光竭力贏得他人的讚許，或因得不到讚許而憂心忡忡。如果尋求讚許已成為你生活的一種需要，那麼你現在就該做些事了。首先，你應該認識到：尋求讚許與其說是生活之必需，不如說是個人之慾望。當然，我們都願意博得掌聲、聽到讚揚或受到稱頌。誰不願意如此呢？在精神上受到撫慰會給人一種美妙的感覺，而且也的確沒有必要在生活中放棄這種享受。

讚許本身無損於你的精神健康；事實上，受到恭維是十分令人愜意的。尋求讚許的心理只有在成為一種需要、而不僅僅是願望時，才成為一個誤區。

　　如果你希望得到讚許，那僅僅是樂於得到他人的認可。
但如果你需要讚許，那麼你在未能如願以償時便會十分沮喪。
這正是自我挫敗因素之所在。同樣，當尋求讚許成爲一種需
要時，你就會將自己的一部分價值奉獻給「外人」，因爲你
必須得到他人的讚許。假如這些人提出反對意見，你就會產
生惰性(即使是輕微的惰性)。

　　在這種情況下，你是在將自我價值置於別人的控制之下，
由他們隨意抬高或貶低。只有當他們決定給你施捨一定的讚
許之辭時，你才會感到高興。

　　需要得到他人的讚許就夠糟糕的了，然而如果在每件事
上都需要得到每一個人的讚許，這就更糟糕了。如果是這樣，
你勢必會在生活中遇到大量痛苦和煩惱。此外，你會慢慢建
立起一種平庸的自我形象，隨之產生的便是自我否定心理。

　　毫無疑問，你要在生活中有所作爲，就必須完全消除需
要得到讚許的心理！它是精神上的死胡同，它絕不會給你帶
來任何益處。

　　人在生活中必然會遇到大量反對意見，這是現實，是你
爲「生活」付出的代價，是一種完全無法避免的現象。

　　成功者懂得，應當謹慎地對待他人的意見，並且能夠容
易地從所謂的勸告者那裡獲取動力。如果你有遠大志向，而

且能吃苦耐勞，你的事業正蒸蒸日上，那麼，你也許會成為某些人的威脅。可怕的是，這些人中有許多卻是我們不少年輕人所信賴並聽從其職業忠告的人。

請記住這樣一個事實：成功者，不論其智力如何，都會比不成功者受到更多的批評。事實上，成功者相信，批評對於鍛煉人來說是有必要的；而那些受不到任何批評的人，也不會幹出什麼驚天動地的大事業。

如何跟你的小孩溝通

每一個孩子都有其獨特的天賦，沒有一個孩子是十全十美的。因此，多欣賞孩子的長處，孩子會越來越好，而且有勇氣去克服他的缺點。請記住，要抱著厚望去教育孩子，而不是抱著欲望或野心，這樣才能把孩子教好。希望與欲望不同，父母在與孩子相處中，要真心相信孩子能走向正當的人生，相信孩子能適應他的未來生活，並抱以厚望。我們當然要指導孩子待人接物、做學問和思考的方法，但絕不能因成績不好而對他表示失望，也不會?一時犯錯而預言他前途無望。我們不斷努力，說的和做的都表現出對未來的厚望，這種熱情和歡喜心，就容易把孩子教好。

孩子畢竟是孩子

每位父母都要承擔起自己的責任，盡可能地親自哺育自己的孩子，和孩子建立深厚的感情。這種感情是任何東西都無法代替的。但為人父母，千萬不能因為自己的子女是一個孩子，就忽視了他們表達自己看法的權利。當我們鼓勵孩子們努力去探索各種各樣的可能性時，與其說是指導他們成功，不如說是 正在培養他們從失敗與經驗中學習和尋找正確的出路。很多父母常常把自己沒有實現的理想寄託在孩子身上，希望孩子來完成父母的使命。這 是一種不正常的心態，應該及時改正。鼓勵不僅僅表明了父母對孩子的信心，同時也堅定了孩子對自己的信心。只有孩子對自 己充滿了信心，父母才能培養出優秀的人才。

孩子，你真的好棒

孩子的成長方向在很大程度上來自父母的賞識和期望，所以不要放過任何一個鼓舞孩子的機會，因為他終將成為你期望中的好孩子。父母常常抱怨現在的孩子對父母漠不關心，缺

少責任感；殊不知，孩子的責任感是要從小培養的，如果你總在孩子面前表現出一副風雨無懼的樣子，孩子就會認為父母是不需要他們的關心與照顧。因此，建議為人父母不妨偶爾扮一次弱者，向孩子求助，你會驚奇地發現孩子竟因此變成了懂事的"小大人"，而你也可以從孩子的幫助中獲得很多啟發。

諾曼第大空降

諾曼第登陸六十週年紀念版，由湯姆漢克&史蒂芬史匹柏監製 HBO 熱門影集原著小說。金石堂書局 2003 年文學類年度排行榜。本書以二次大戰為背景，以最真實的方式呈現出戰爭的殘酷及恐懼，還有對人性的深入探討。

我的 FBI-黑手黨‧柯林頓‧反恐戰爭

關於政治獻金案有越來越多的事實出現時，我相信，如果我沒有展開進一步的調查，那麼我將得不到這些幹員們的尊敬，我也相信，如果我沒有完成這起調查工作，那麼我自當會失去這些幹員們對我的尊敬。事件的結果可能會讓當初把我找來擔任局長的人感到驚訝，但我接任聯邦調查局局長一職並不代表我會幫白宮掩蓋事實或是對其便宜行事。

忍耐一下子，幸福一輩子

當你無法忍受眼前的責難，失敗將如排山倒海般，蜂擁而至在面對你的形形色色目光中，你自己又能否準確無誤地分辨呢？你是否從這些評價和議論中吸取有益的營養而豐富自己、改善自己了呢？還是喪失了自主精神淹沒在他人的議論中呢？

就吃你這一套-用人的最高境界

你覺得帶人很累嗎?爲什麼講的話,交待的事,常常無法達到預期的效果,而備感辛苦。

其實帶人並不難,只要用對方法用對人再加上在員工身上多用點心,那你將會有意想不到的收穫和事半功倍的效果!如果能成爲擅長發覺並管理部屬能力的主管,「部屬」將能讓你一步登天!反之,如果只當個官僚的主管,「部屬」絕對會讓你深陷芒刺在背的危機!

寶寶睡眠聖經

終於,父母們想知道所有重要問題的答案即將揭曉------如何讓寶寶乖乖睡覺?蒂妮是教導寶寶乖乖睡覺的國際知名專家,已經和寶寶及家長們接觸超過15年的時間。蒂妮幫寶寶量身訂做的作息已經造福數千個夜未眠的寶寶。現在她要透過本書用最簡單的方式分享她成功的秘訣。

你是員工心目中的好主管嗎?

主管的管理責任,便是培養具有潛在性主管特質的部屬身爲主管,如何培養忠心的部屬?唯一途徑,便是爲部屬鋪設一條邁向主管之職的希望之途!

我教孩子學《老子》

老子的處世哲學,對歷代中國人都有深刻的影響。在處世方面,老子提出了「大智若愚」的理念。他指出,真正的大智慧外貌若愚,真正的大聰明難得糊塗。在一定意義上,大愚就是大智,大糊塗就是大聰明,所謂「物極必反」這個道理在這裡也是適用的。

老祖宗的寶藏—人生智慧

中國古代的賢哲經常強調,做人要把智巧隱藏在笨拙中,不可顯得太聰明,收斂鋒芒,才是明智之舉,寧可隨和一點也不可太自命清高,要學以退縮求前進的方法。這才是立身處世最有用的救命法寶。

阿Q正傳

魯迅,中國最備受推崇的偉大作家。魯迅筆下的小說人物往往最讓人印象深刻,尤其以《阿Q正傳》裡的主角最負盛名,當然也是最典型的諷刺角色。

永續編號	書名	定價	作者

另類學習系列

S1904	我的菜英文—菲傭溝通篇	180	張瑜凌
S1905	我的菜英文—運將大哥篇	180	張瑜凌
S1906	我的菜英文—旅遊篇	180	張瑜凌

生活英語系列

S2301	十句話讓你輕鬆開口說英文	220	張瑜凌
S2302	十句 ABC 讓你遊遍全球	220	張瑜凌
S2303	十句 ABC 讓你溝通無障礙	200	張瑜凌
S2304	10 句話讓你輕鬆和菲傭溝通 (附 CD)	250	張瑜凌
S2305	10 句話讓你輕鬆當個運將大哥附 CD	250	張瑜凌
S2306	10 句話讓你當個稱職的女秘書	220	張瑜凌
S2307	10 句話讓你輕鬆當個警察大人 (CD)	250	張瑜凌
S2308	超簡單的旅遊英語(附 MP3)	250	張瑜凌

實用會話系列

S2401	十大會話讓你電話溝通沒煩惱	200	張瑜凌
S2402	十大會話讓你求職技巧有一套	200	張瑜凌
S2403	十大會話讓你求職技巧有一套-MP3	250	張瑜凌
S2404	讓你輕鬆接待國外客戶(附 CD)	250	張瑜凌
S2405	出差英文 1000 句型(附 MP3)	250	張瑜凌
S2406	孩子我們一起學英語！(5-8 歲) MP3	250	Ashley Jones

實用文法系列

E-mail 系列

英文速記系列

英檢直達車系列

S4301　破解英檢大公開-片語篇　　　　　200　張瑜凌

英語補給站系列

S4401　單字急救包(48K)　　　　　　　220　陳久娟

行動學習系列

S4501　出差英文一把罩(48K)　　　　　　220　Rod S. Lewis

S4502　商業實用英文 E-mail-業務篇(48K)　220　張瑜凌

S4503　生活英語萬用手冊(附 MP3)(48K)　250　張瑜凌

雅典文化 **讀者回函卡**

> 謝謝您購買這本書。
> 為加強對讀者的服務，請您詳細填寫本卡，寄回**雅典文化**；並請務
> 必留下您的E-mail帳號，我們會主動將最近 "好康" 的促銷活動告
> 訴您，保證值回票價。

書　　名：我教孩子學老子(2)
購買書店：＿＿＿＿＿市／縣＿＿＿＿＿＿＿＿＿書店
姓　　名：＿＿＿＿＿＿＿＿＿＿　生　日：＿＿＿年＿＿月＿＿日
身分證字號：＿＿＿＿＿＿＿＿＿＿＿＿＿＿＿＿＿
電　　話：(私)＿＿＿＿＿ (公)＿＿＿＿＿ (手機)＿＿＿＿＿＿＿
地　　址：□□□＿＿＿＿＿＿＿＿＿＿＿＿＿＿＿＿
E - mail：＿＿＿＿＿＿＿＿＿＿＿＿＿＿＿＿＿＿＿

年　　齡：□20歲以下　　□21歲～30歲　□31歲～40歲
　　　　　□41歲～50歲　□51歲以上
性　　別：□男　□女　婚姻：□單身　□已婚
職　　業：□學生　　　□大眾傳播　□自由業　□資訊業
　　　　　□金融業　　□銷售業　　□服務業　□教職
　　　　　□軍警　　　□製造業　　□公職　　□其他
教育程度：□高中以下（含高中）□大專　□研究所以上
職 位 別：□負責人　□高階主管　□中級主管
　　　　　□一般職員□專業人員
職 務 別：□管理　　　□行銷　□創意　　□人事、行政
　　　　　□財務、法務　　□生產　□工程　　□其他＿＿＿＿

您從何得知本書消息？
　　　　　□逛書店　　□報紙廣告　□親友介紹
　　　　　□出版書訊　□廣告信函　□廣播節目
　　　　　□電視節目　□銷售人員推薦
　　　　　□其他＿＿＿＿＿＿＿＿＿＿＿＿＿＿

您通常以何種方式購書？
　　　　　□逛書店　　□劃撥郵購　□電話訂購　□傳真訂購　□信用卡
　　　　　□團體訂購　□網路書店　□其他＿＿＿＿＿＿＿＿＿

看完本書後，您喜歡本書的理由？
　　　　　□內容符合期待　□文筆流暢　□具實用性　□插圖生動
　　　　　□版面、字體安排適當　　□內容充實
　　　　　□其他＿＿＿＿＿＿＿＿＿＿＿＿＿

看完本書後，您不喜歡本書的理由？
　　　　　□內容不符合期待　□文筆欠佳　　□內容平平
　　　　　□版面、圖片、字體不適合閱讀　　□觀念保守
　　　　　□其他＿＿＿＿＿＿＿＿＿＿＿＿＿

您的建議：
＿＿＿＿＿＿＿＿＿＿＿＿＿＿＿＿＿＿＿＿＿＿＿＿
＿＿＿＿＿＿＿＿＿＿＿＿＿＿＿＿＿＿＿＿＿＿＿＿

廣 告 回 信
基隆郵局登記證
基隆廣字第 056 號

2 2 1 - 0 3

台北縣汐止市大同路三段 194 號 9 樓之 1

雅典文化事業有限公司

編輯部　收

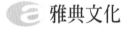

雅典文化

為你開啟知識之殿堂